Salud en su mesa

Pacific Press® Publishing Association

Nampa, Idaho

Oshawa, Ontario, Canadá

www.pacificpress.com

Contenido

Edición en Inglés

Jefe de Redacción	Perry Campbell
Redactores	Terri Mitchell
	Donna Webb

Edición en Español

Traductor	Mario A. Collins
Supervisión Editorial	T. N. Peverini
	M. A. Valdivia

ISBN 13: 978-0-8163-9874-4
ISBN 10: 0-8163-9874-7

Título de este libro en inglés:
Christian Lifestyle Magazine Vegetarian Recipes

Edición en inglés publicado por:
Ideals Publishing Corp.
P.O. Box 141000
Nashville, TN 37214-1000

Salsa espesa de verduras, baja en calorías, p. 9

¡BIENVENIDOS A SALUD EN SU MESA!

Las recientes contribuciones de la ciencia de la nutrición demuestran que la mayoría de nosotros podríamos mejorar en lo que se refiere a la selección y el consumo de nuestros alimentos. Actualmente se ha comprobado que la forma saludable de comer consiste en un régimen bajo en grasas y elevado en carbohidratos y fibra. También hemos aprendido que un gran número de enfermedades crónicas (entre ellas las enfermedades cardíacas, el cáncer, los derrames, la diabetes y la arterosclerosis) son a menudo propiciadas por un régimen alimentario inadecuado.

La alimentación siempre ha tenido una influencia vital sobre la salud. Hasta la década de 1940, el hombre padecía de enfermedades tales como la pelagra, el escorbuto, el beriberi y el raquitismo debido a la carencia de ciertos nutrientes en su alimentación. Hoy, gracias a la variedad de alimentos disponibles y a la fortificación con vitaminas a la que se los somete, estos males han sido casi totalmente eliminados. Ahora han sido reemplazados por enfermedades causadas por los excesos y el desequilibrio en la nutrición.

¿Cómo debemos alimentarnos? ¿Cómo podemos planear un régimen de alimentación que aumente nuestra salud y a la vez sea apetitoso? Para contestar a estas preguntas se publica *Salud en su mesa,* una guía para la preparación de platos deliciosos que tienen la virtud de seguir los más recientes consejos nutricionales. Además de las recetas y de otras ayudas culinarias, estas páginas contienen información que le permitirá al ama de casa realizar sustituciones saludables en algunas de sus recetas favoritas.

Este libro ha sido publicado en inglés por Ideals Publishing Corporation para el programa televisivo *Christian Lifestyle Magazine.* La Pacific Press® tiene el honor de presentarle una edición en castellano del mismo libro con el deseo de contribuir al enriquecimiento de la cocina hispana y a la salud de nuestros lectores. Sus recetas fáciles y atractivas serán muy apreciadas por toda la familia.

¡Ahora, a disfrutar de *Salud en su mesa!*

PLANEAMIENTO DE LAS COMIDAS

¡Felicitaciones! Usted acaba de iniciar una aventura en la alimentación saludable que, tanto a usted como a su familia, les permitirá gozar de vidas más largas, saludables y plenas de vitalidad. Si hasta ahora nunca ha tenido que planear platos sin carne, al principio podría sentirse un poco confundido por el cambio. A continuación le ofrecemos algunas pautas que le ayudarán a realizar una transición más suave.

Tome en cuenta los cuatro grupos de alimentos. Hasta ahora siguen siendo la mejor guía hacia un régimen de alimentación balanceada. La preparación de sus minutas en torno a ellos le dará la seguridad de que tanto usted como su familia están recibiendo cada día los nutrientes que se requieren. A continuación resumimos los cuatro grupos principales de alimentos:

1. Frutas y verduras: Estas proporcionan las vitaminas y los minerales esenciales, a la vez que constituyen fuentes importantes de fibra. Son, además, la mejor fuente de vitamina A y C.

2. Granos integrales, pan y cereales: Este grupo suministra los carbohidratos complejos, además de las vitaminas esenciales del complejo B y muchos minerales, tales como el fósforo. También le proporcionan el bulto necesario a los alimentos.

3. Leche y productos lácteos: Proveen el calcio, parte de la proteína y la vitamina A.

4. Proteína: Incluye todas las variedades de frijoles secos, arvejas, habas y lentejas. Además, en este grupo debe incluirse nueces, huevos, leche y queso.

Las recetas que aparecen en este libro son parte de un régimen lacto-ovo-vegetariano, llamado así por incluir leche y huevos. La inclusión de productos lácteos en los alimentos simplifica la transición a un régimen vegetariano. Porque dichos productos tienen un alto contenido de grasas saturadas, conviene reducir su consumo a medida que uno se acostumbra al nuevo régimen.

A su familia le tomará un poco de tiempo acostumbrarse a esta nueva forma de comer; por eso, no trate de cambiar inmediatamente sus hábitos alimentarios. En cambio, asegúrese de que la transición sea gradual, comenzando con una o dos comidas vegetarianas por semana y aumentando su número hasta lograr que la familia acepte de buen grado la comida sin carne.

El planeamiento adelantada del menú le ahorrará tiempo y dinero y eliminará la frustración que produce el dilema de último minuto: "¿Qué cocinaré para la comida?" El planeamiento inteligente de las comidas exige que se tomen en cuenta los cuatro grupos de alimentos, para que se pueda obtener una nutrición completa y equilibrada.

Generalmente tres o cuatro platillos por comida proveen todos los nutrientes que se necesitan. Una amplia variedad de alimentos lo tienta a uno a comer demasiado. La comida principal del día —sea ésta el desayuno o la del mediodía—, debe incluir proteína, almidones, papas o pasta, una verdura cocida y una ensalada o verduras crudas. Un guiso, una sopa, o aun una ensalada preparada con verduras mixtas y una cantidad suficiente de proteína, pueden proveer todos los nutrientes necesarios para una comida balanceada de un solo plato.

Las otras dos comidas del día deben incluir selecciones que completen los cuatro grupos alimentarios y contribuyan a asegurar el plan de buena nutrición para ese día. Por ejemplo, un desayuno saludable puede incluir frutas, cereales o huevos, pan y leche. La comida del mediodía o la cena puede consistir de un plato principal, algo de fruta, pan y jugo.

El planeamiento de un menú para toda una semana a la vez, permite visualizar fácilmente las comidas y descubrir cualquier repetición de forma, color y sabor. Además, la minuta semanal es de gran ayuda al hacer la lista de compras para la semana.

Esperamos que las recetas novedosas y sabrosas que se ofrecen en este libro de cocina sean una fuente de alegría y buena salud, tanto para usted como para su familia.

*   El análisis nutricional de cada receta no incluye los ingredientes opcionales del tipo de la sal ni los aliños.

**   Cuando una receta incluye dos ingredientes de los cuales se puede elegir uno, como en el caso de jugo de limón o jugo de lima, en el análisis nutricional se toma en cuenta únicamente el primer ingrediente.

 Este símbolo indica que la receta se adapta especialmente para ser cocinada en un horno de microondas.

Salsa para ensalada de col, Salsa italiana de tomates, y Salsa mil islas, baja en calorías, p. 8-9

RECETAS RÁPIDAS Y SALUDABLES

Ensaladas y Frutas

Salsa Mil Islas, Baja en Calorías

Da 4 porciones (1 taza)

4 cucharadas de salsa comercial Mil Islas, baja en calorías

$^1/_2$ taza de yogurt sin sabor

1 cucharada de cebolla verde o cebollino, cortado finamente

2 cucharadas de perejil picado

1 cucharada de salsa de chile dulce

1 cucharada de jugo de limón

$^1/_4$ cucharadita de sal de ajo

Combine todos los ingredientes en un bol pequeño; mézclelos en la licuadora hasta que la salsa quede cremosa.

Información nutricional por porción	
Porcentaje de lo recomendado en Estados Unidos	
Calorías…60	Proteína…2g
Carbohidratos…6g	Grasa…3g
Sodio…200mg	Potasio…125mg
Proteína…2%	Vitamina A…4%
Vitamina C…8%	Tiamina…0%
Riboflavina…4%	Niacina…0%
Calcio…6%	Hierro…0%
Fósforo…4%	

Salsa Mexicana de Requesón

Da 4 porciones

$^3/_4$ taza de requesón (cottage cheese) de bajas calorías

$^1/_2$ taza de yogurt sin sabor

1 taza de mayonesa de bajas calorías

$^1/_4$ taza de miga de queso tipo requesón (blue cheese)

$^1/_2$ cucharadita de sal de ajo

Una pizca de sal

Hojas de lechuga

Combine todos los ingredientes en un bol pequeño, con excepción de la lechuga; mezcle bien. Refrigere durante la noche para que se mezclen los sabores. Sirva sobre hojas grandes de lechuga.

Información nutricional por porción	
Porcentaje de lo recomendado en Estados Unidos	
Calorías…130	Proteína…9g
Carbohidratos…6g	Grasa…7g
Sodio…680mg	Potasio…150mg
Proteína…15%	Vitamina A…2%
Vitamina C…0%	Tiamina…0%
Riboflavina…10%	Niacina…0%
Calcio…10%	Hierro…0%
Fósforo…15%	

Salsa para Ensalada de Col
Da 2 porciones ($^1/_4$ de taza)

2 cucharadas de mayonesa de bajas calorías
3 cucharadas de yogurt sin sabor
1 cucharadita de jugo de limón
   Endulzante equivalente a una cucharadita
   de azúcar
   Sal a gusto

Combine todos los ingredientes en un bol pequeño; mézclelos hasta que la salsa esté suave.

Información nutricional por porción	
Porcentaje de lo recomendado en Estados Unidos	
Calorías...60	Proteína...1g
Carbohidratos...4g	Grasa...4g
Sodio...115mg	Potasio...60mg
Proteína...0%	Vitamina A...0%
Vitamina C...2%	Tiamina...0%
Riboflavina...2%	Niacina...0%
Calcio...4%	Hierro...0%
Fósforo...2%	

Salsa Italiana de Tomates
Da 2 $^1/_2$ tazas

2 tazas de tomates envasados cortados en pedazos, con su jugo
1 sobre de mezcla para Italian dressing
$^1/_2$ taza de jugo de limón
   Endulzante equivalente a una cucharadita
   de azúcar

Combine todos los ingredientes en un bol pequeño; mézclelos hasta que la salsa esté suave.

Información nutricional por porción	
Porcentaje de lo recomendado en Estados Unidos	
Calorías...18	Proteína...1g
Carbohidratos...4g	Grasa...0g
Sodio...320mg	Potasio...130mg
Proteína...0%	Vitamina A...6%
Vitamina C...20%	Tiamina...0%
Riboflavina...0%	Niacina...0%
Calcio...0%	Hierro...0%
Fósforo...0%	

Salsa Espesa de Verduras, Baja en Calorías
Da $^1/_2$ taza

$^1/_4$ taza de requesón sin grasa, tipo ricotta
$^1/_4$ taza de yogurt sin sabor
$1^1/_2$cucharaditas de perejil picado
$^3/_4$ cucharadita de eneldo (dill)
$^3/_4$ cucharadita de cebolla seca
$^3/_4$ cucharadita de sazonador Beau Monde

Combine todos los ingredientes en un bol pequeño; mézclelos bien. Sirva esta salsa con verduras crudas.

Información nutricional por porción	
Porcentaje de lo recomendado en Estados Unidos	
Calorías...20	Proteína...2g
Carbohidratos...2g	Grasa...1g
Sodio...20mg	Potasio...55mg
Proteína...2%	Vitamina A...0%
Vitamina C...0%	Tiamina...0%
Riboflavina...2%	Niacina...0%
Calcio...4%	Hierro...0%
Fósforo...4%	

Ensalada Griega
Da 6 porciones

¹/₃ de taza de aceite de oliva o aceite vegetal
   El jugo de un limón
2 cucharadas de orégano fresco o una
   cucharadita de orégano seco
4 cucharadas de perejil picado
   Sal, opcional
1 cabeza de lechuga fresca, cortada en trozos
   pequeños
1 pimiento verde, cortado en tiras longitu-
   dinales, después de quitársele las semillas
   y membranas interiores
2 a 3 tomates, cortados en cuñas
¹/₂ taza de queso feta desmigajado
12 aceitunas negras
1 cebolla roja, cortada a lo ancho y separada
   en ruedas
1 huevo duro cortado en rebanadas

Combine el aceite con el jugo de limón y los aliños. Adapte la sazón según su gusto. Coloque la lechuga, el pimiento y los tomates en platos individuales. Reparta el queso, las aceitunas y las rodajas de cebolla en varios platos. Adorne con las rodajas de huevo. Coloque una porción pequeña de la mezcla dc aceite y jugo de limón en cada ensalada; sirva el resto de la salsa en forma separada.

Información nutricional por porción
Porcentaje de lo recomendado en Estados Unidos

Calorías…210	Proteína…5g
Carbohidratos…7g	Grasa…19g
Sodio…310mg	Potasio…290mg
Proteína…8%	Vitamina A…20%
Vitamina C…60%	Tiamina…6%
Riboflavina…10%	Niacina…2%
Calcio…15%	Hierro…10%
Fósforo…10%	

Ensalada del Chef
Da 6 porciones

1 diente de ajo
¹/₂ taza de aceite de oliva o mezcla de aceite
   vegetal con oliva
1 taza de cubitos de pan integral
2 cabezas de lechuga fresca del tipo
   Romaine, lavada y seca
4 cebollas verdes picadas
³/₄ taza de queso suizo u otro cortado en
   tirillas
3 tomates cortados en cuatro pedazos cada
   uno
1 cucharadita de sal
1 huevo hervido entero, picado
   El jugo de un limón
¹/₄ taza de queso parmesano recién rayado

Muela el ajo en el aceite y permita que se mezclen los sabores durante un buen rato, preferiblemente durante toda la noche. Sofría los cubitos de pan en una sartén con dos cucharadas de aceite mezclado con ajo. Coloque luego el pan sobre toallas de papel. Coloque la lechuga cortada en trozos pequeños en una fuente grande para ensaladas. Agregue las cebollas, el queso y los tomates. Derrame el resto del aceite con ajo sobre la ensalada; revuelva los ingredientes. Sazone con sal; desparrame el huevo desmenuzado sobre la ensalada. Exprima el jugo del limón sobre el huevo; desparrame el queso parmesano rallado sobre la ensalada. Revuelva todo nuevamente y adorne con los cubitos de pan.

Información nutricional por porción
Porcentaje de lo recomendado en Estados Unidos

Calorías…290	Proteína…9g
Carbohidratos…9g	Grasa…25g
Sodio…530mg	Potasio…330mg
Proteína…15%	Vitamina A…45%
Vitamina C…45%	Tiamina…6%
Riboflavina…10%	Niacina…4%
Calcio…25%	Hierro…8%
Fósforo…20%	

Aquí se ilustra la ensalada griega.

Ensalada de Espinacas a la Sartén
Da 4 porciones

1   cucharada de aceite vegetal
1   cucharada de jugo de limón
$^1/_2$ cucharadita de orégano
2   dientes de ajo, picados o molidos
    Sal al gusto
1   cebolla roja pequeña, cortada finamente y
    separada en rodajas
$^1/_2$ libra* (225g) de champiñones, cortados
    en tajaditas delgadas
2   zanahorias cortadas en rebanadas
    pequeñas
1   atado de espinacas, sin los tallos, bien
    lavadas y partidas en trozos regulares
1   tomate, cortado en cuñas
$^1/_4$ taza de aceitunas maduras sin semilla,
    cortadas por la mitad o picadas
$^1/_3$ taza de trozos de nuez

Combine el aceite con el jugo de limón, el orégano, el ajo y la sal en una sartén grande o en un wok; caliente todo a una temperatura entre baja y mediana durante dos minutos. Agregue las cebollas, los champiñones y las zanahorias; sofría durante un minuto, revolviendo. Agregue los ingredientes restantes; refría todo durante 30 segundos. Sirva de inmediato.

Información nutricional por porción	
Porcentaje de lo recomendado en Estados Unidos	
Calorías…170	Proteína…7g
Carbohidratos…15g	Grasa…12g
Sodio…180mg	Potasio…1090mg
Proteína…10%	Vitamina A…360%
Vitamina C…50%	Tiamina…15%
Riboflavina….30%	Niacina…20%
Calcio…15%	Hierro…25%
Fósforo…15%	

Ensalada Italiana de Pepinos con Tomates
Da 4 porciones

5 a 6 tomates italianos a punto o 3 tomates
    grandes regulares maduros, cortados en
    cuña
1   tallo de apio, cortado finamente
1   pepino, cortado en rebanadas finas
3 a 4 cebollas rojas, cortadas en rebanadas
    finas
1   diente de ajo, cortado por la mitad
    Orégano fresco picado
    Albahaca fresca picada
2   cucharadas de aceite de oliva o vegetal
2   cucharadas de jugo de limón

Combine los tomates con el apio, el pepino, y la cebolla. Frote el interior de una fuente de vidrio para ensaladas con trozos de ajo cortado; vuelque las verduras en ella. Sazone generosamente con orégano y albahaca. Desparrame el aceite y el jugo de limón sobre toda la ensalada; revuelva cuidadosamente. Sirva a la temperatura del ambiente.

Información nutricional por porción	
Porcentaje de lo recomendado en Estados Unidos	
Calorías…100	Proteína…1g
Carbohidratos…8g	Grasa…7g
Sodio…10mg	Potasio…300mg
Proteína…2%	Vitamina A…15%
Vitamina C…35%	Tiamina…4%
Riboflavina….2%	Niacina…2%
Calcio…2%	Hierro…4%
Fósforo…4%	

* Siempre que en este libro se usa el término libra equivale a 450 gramos.

Rodajas de Pepino con Eneldo
Da 8 porciones

1 pepino grande
4 onzas de queso Neufchatel
1 cucharada de mantequilla
   Leche descremada, caliente
   Sal al gusto
¹/₄ taza de aceitunas rellenas con pimientos, cortados
2 cucharadas de perejil picado o cebollas verdes
¹/₂ cucharadita de eneldo picado
   Tostada melba

Corte las puntas del pepino y quite las semillas con un cuchillo delgado o un pelador de papas. Deje escurrir durante una hora sobre toallas de papel. Prepare una crema del queso y la mantequilla y, si es necesario, agregue leche para adelgazarla. Sazone con sal. Agregue las aceitunas, el perejil y el eneldo. Rellene el pepino con la mezcla de queso, utilizando una cuchara chica. Cubra con una envoltura de plástico y enfríe por lo menos durante 30 minutos. Corte en trozos gruesos y sirva sobre la tostada melba.

Información nutricional por porción	
Porcentaje de lo recomendado en Estados Unidos	
Calorías…70	Proteína…2g
Carbohidratos…4g	Grasa…6g
Sodio…180mg	Potasio…95mg
Proteína…2%	Vitamina A…6%
Vitamina C…4%	Tiamina…0%
Riboflavina….2%	Niacina…0%
Calcio…2%	Hierro…0%
Fósforo…2%	

Guacamole Sabroso
Da 6 porciones

2 aguacates grandes y maduros
2 a 3 cucharadas de jugo de limón
1 cucharada de cebolla picada fina
1 diente de ajo, picado
¹/₂ taza de chiles verdes cortados en cubitos
6 cucharadas de salsa picante
   Sal al gusto
1 tomate, picado en cubitos; rodajas de limón; tomates tipo cereza y cilantro

Combine los primeros 6 ingredientes en un bol pequeño. Sazone con sal. Agregue el tomate picado. Adorne con las rodajas de limón, los tomates tipo cereza y el cilantro. Sirva con galletas saladas, papitas o verduras crudas.

Información nutricional por porción	
Porcentaje de lo recomendado en Estados Unidos	
Calorías…140	Proteína…2g
Carbohidratos…10g	Grasa…12g
Sodio…110mg	Potasio…520mg
Proteína…2%	Vitamina A…15%
Vitamina C…90%	Tiamina…6%
Riboflavina….6%	Niacina…8%
Calcio…0%	Hierro…6%
Fósforo…6%	

Bol de Frutas Bajo en Calorías con Aderezo Nevado
Da 4 porciones

1 taza de sandía en bolitas
2 naranjas medianas, peladas, sin semillas y cortadas en trozos
1 banana mediana, cortada en rodajas
1 taza de fresas partidas
1 taza de uvas rojas y verdes mezcladas
1/2 taza de arándanos azules (blueberries)
Aderezo nevado
Puntas de menta

Combine las frutas en una fuente grande y enfríe bien. Derrame el aderezo nevado sobre las frutas. Adorne con las puntas de menta.

Aderezo Nevado
Da 4 porciones

1 taza de yogurt sin sabor
1 cucharada de jugo de limón
1/8 cucharadita de sal
Endulzante equivalente a 4 cucharaditas de azúcar

Combine bien los ingredientes en un bol pequeño; enfríe el aderezo.

Información nutricional por porción	
Porcentaje de lo recomendado en Estados Unidos	
Calorías…150	Proteína…5g
Carbohidratos…32g	Grasa…2g
Sodio…115mg	Potasio…590mg
Proteína…8%	Vitamina A…8%
Vitamina C…140%	Tiamina…10%
Riboflavina….15%	Niacina…4%
Calcio…15%	Hierro…2%
Fósforo…10%	

Ensalada de Manzana
Da 4 porciones

4 manzanas rojas medianas, peladas y cortadas en trocitos no muy pequeños
Jugo de 1/2 limón
1/4 taza de jugo de manzana o naranja
1 taza de uvas verdes sin semillas
1 naranja grande, pelada, sin semillas y cortada en trocitos
1 tallo de apio picado fino
2 cucharadas de nueces picadas

Coloque la manzana en un bol grande. Derrame los jugos de manzana y limón sobre la manzana. Agregue los ingredientes restantes y revuelva. Quite el jugo de la fuente. Enfríe la ensalada y sirva.

Información nutricional por porción	
Porcentaje de lo recomendado en Estados Unidos	
Calorías…160	Proteína…1g
Carbohidratos…36g	Grasa…3g
Sodio…5mg	Potasio…370mg
Proteína…2%	Vitamina A…4%
Vitamina C…60%	Tiamina…6%
Ribflavina….2%	Niacina…0%
Calcio…2%	Hierro…2%
Fósforo…2%	

Ensalada Bibb Con Fruta
Da 4 porciones

2   cabezas chicas de lechuga Bibb o "butter-head"
$^1/_2$ aguacate, en tajadas
2   naranjas peladas, sin semillas y cortadas en rodajas
     Salsa de Yogurt

Coloque las hojas de lechuga en platos. Arregle las tajadas de aguacate y naranja atractivamente sobre la lechuga. Coloque salsa de yogurt sobre la fruta.

Nota: Se puede sustituir la naranja por tajadas de durazno, papaya, nectarines, o toronja.

Salsa de Yogurt
Da 4 porciones

1   taza de yogurt sin sabor
$^1/_2$ taza de jugo de naranja
2   cucharaditas de cáscara de naranja rallada
     Fructosa al gusto
     Una pizca de clavo de olor molido

Mezcle todos los ingredientes. Deje reposar la salsa por lo menos durante 15 minutos para que se mezclen los sabores.

Información nutricional por porción
Porcentaje de lo recomendado en Estados Unidos

Calorías…130	Proteína…6g
Carbohidratos…18g	Grasa…6g
Sodio…50mg	Potasio…690mg
Proteína…8%	Vitamina A…25%
Vitamina C…90%	Tiamina…10%
Riboflavina….15%	Niacina…4%
Calcio…15%	Hierro…4%
Fósforo…10%	

Ensalada de Peras y Queso con Hierbas
Da 3 porciones

6   hojas grandes de lechuga
6   mitades de peras conservadas sin azúcar, sin jugo
$^1/_4$ taza de queso ricotta semidescremado
$^1/_2$ taza de queso cheddar rallado fino
2   cucharadas de apio picado fino
$^1/_2$ cucharada de cebolla verde picada
1 $^1/_2$ cucharadita de perejil picado
$^1/_8$ cucharadita de salvia

Arregle dos hojas de lechuga en cada fuente individual para ensalada. Coloque 2 mitades de pera sobre la

lechuga en cada plato. Combine el resto de los ingredientes en un bol pequeño. Desparrame con una cuchara sobre las mitades de peras.

Información nutricional por porción
Porcentaje de lo recomendado en Estados Unidos

Calorías…140	Proteína…7g
Carbohidratos…13g	Grasa…7g
Sodio…150mg	Potasio…160mg
Proteína…10%	Vitamina A…6%
Vitamina C…4%	Tiamina…0%
Riboflavina….6%	Niacina…0%
Calcio…20%	Hierro…2%
Fósforo…15%	

Ensalada Waldorf con Especias
Da 8 porciones

3 tazas de manzana cortada en cubitos
2 cucharaditas de jugo de limón
1 taza de rodajas de manzana con especias
    cortadas en cubitos
1 taza de mitades de uva verde sin semilla
¹/₂ taza de apio picado
¹/₂ taza de nueces picadas
¹/₃ taza de mayonesa u otro aderezo

Rocíe las manzanas con el jugo de limón; combine en un bol grande con el resto de los ingredientes. Enfríe.

Información nutricional por porción	
Porcentaje de lo recomendado en Estados Unidos	
Calorías…220	Proteína…2g
Carbohidratos…20g	Grasa…16g
Sodio…80mg	Potasio…230mg
Proteína…2%	Vitamina A…2%
Vitamina C…10%	Tiamina…4%
Riboflavina….2%	Niacina…0%
Calcio…2%	Hierro…2%
Fósforo…4%	

Ensalada de Repollo con Piña
Da 6 pociones

3   taza de repollo picado
1   lata de 8 onzas de piña en cubo, sin juego; 4 cucharadas de dicho jugo puestas aparte
1   taza de manzana picada
¹/₂ taza de apio picado
¹/₄ taza de pasas
    Salsa para ensalada de col (véase en la página 9)
    Varias cuñas de manzana

Combine los cinco primeros ingredientes en un bol grande. Sirva la ensalada con salsa para ensalada de col y cuñas de manzana.

Información nutricional por porción	
Porcentaje de lo recomendado en Estados Unidos	
Calorías…60	Proteína…1g
Carbohidratos…16g	Grasa…0g
Sodio…15mg	Potasio…230mg
Proteína…0%	Vitamina A…0%
Vitamina C…35%	Tiamina…4%
Riboflavina….0%	Niacina…0%
Calcio…2%	Hierro…2%
Fósforo…2%	

Combinación de Fruta Baja en Calorías
Da 4 porciones

2   naranjas medianas, peladas, sin semillas y cortadas en trozos
1   taza de fresas partidas por mitad
1   taza de sandía en cubitos
¹/₂ taza de yogurt sin sabor
¹/₄ taza de jalea de fresa de bajas calorías
1 a 2 gotas de colorante rojo para alimentos

Combine la fruta en un bol; enfríela. Mezcle el yogurt y la jalea en una fuente pequeña; agregue colorante revolviendo la mezcla. Derrame la mezcla de yogurt sobre la fruta.

Información nutricional por porción	
Porcentaje de lo recomendado en Estados Unidos	
Calorías…100	Proteína…3g
Carbohidratos…23g	Grasa…1g
Sodio…25mg	Potasio…340mg
Proteína…4%	Vitamina A…6%
Vitamina C…130%	Tiamina…6%
Riboflavina….8%	Niacina…2%
Calcio…8%	Hierro…2%
Fósforo…6%	

RECETAS BAJAS EN CALORÍAS
Sopas y Verduras

Sopa de Verduras
Da 3 litros

2   zanahorias medianas, en rebanadas delgadas

2   cebollas medianas, en rebanadas delgadas

2   tomates medianos, pelados, sin semillas y cortados en cubitos

1   taza de perejil picado, incluyendo los tallos

1   papa mediana, cortada en cubitos
      Sal a gusto

12 $^{1}/_{2}$ tazas de agua

2   cubos de consomé de verduras, opcional

$^{1}/_{2}$ taza de fideos gruesos

En una olla grande combine todos los ingredientes, excepto los fideos; cubra y cocine a fuego lento durante dos horas. Agregue los fideos, hierva a fuego lento durante 15 minutos más. Agregue sazón a gusto.

Información nutricional por porción	
Porcentaje de lo recomendado en Estados Unidos	
Calorías…60	Proteína…2g
Carbohidratos…13g	Grasa…0g
Sodio…10mg	Potasio…210mg
Proteína…2%	Vitamina A…80%
Vitamina C…15%	Tiamina…8%
Riboflavina….2%	Niacina…4%
Calcio…0%	Hierro…4%
Fósforo…2%	

Sopa de Frijoles con Cebada
Da alrededor de 3 litros

2   cucharadas de aceite vegetal

2   zanahorias medianas, ralladas

1   cebolla mediana, picada en cubitos

1   papa mediana picada en cubitos

10 tazas de agua

1 $^{1}/_{4}$ taza de frijoles grandes blancos, secos, remojados durante la noche y colados

$^{1}/_{2}$ taza de cebada, bien lavada

1   tomate, pelado, sin semillas, en cubitos
      Sal a gusto

Caliente el aceite en una olla. Agregue la zanahoria, la cebolla y la papa; sofría estas verduras hasta que se pongan tiernas. Agregue el agua, los frijoles blancos, la cebada, el tomate y la sal. Haga hervir. Reduzca el calor; siga hirviendo la sopa a fuego lento durante dos horas, con la olla tapada, y revolviendo ocasionalmente.

Información nutricional por porción	
Porcentaje de lo recomendado en Estados Unidos	
Calorías…90	Proteína…2g
Carbohidratos…13g	Grasa…3g
Sodio…10mg	Potasio…220mg
Proteína…4%	Vitamina A…70%
Vitamina C…15%	Tiamina…4%
Riboflavina….2%	Niacina…4%
Calcio…0%	Hierro…4%
Fósforo…4%	

Sopa de verduras.

Caldo de Verduras 1 *
Da 3 ¹/₂ litros

2 cucharadas de margarina o aceite vegetal
1 taza de cebollas cortadas en cubitos
2 o 3 dientes grandes de ajo, picados
2 litros de agua o agua de verduras para cocinar
1 taza de zanahorias cortadas en rodajas
1 taza de apio picado
¹/₂ taza de hojas de nabo, opcional
¹/₂ taza de nabos cortados en cubos
1 taza de lechuga picada, acelga, col rizada u otra verdura
4 puntas de perejil
¹/₂ hoja de laurel
¹/₂ cucharadita de tomillo
¹/₄ cucharadita de mejorana
Sal a gusto

Caliente la margarina en una olla grande; agregue la cebolla y el ajo y sofría durante 5 minutos. Agregue el agua y haga hervir; reduzca el calor y agregue todos los demás ingredientes, excepto la sal. Cocine a fuego lento durante 1 ¹/₂ hora; agregue la sal y los condimentos a gusto. Continúe cocinando la mezcla durante 30 minutos o hasta que los ingredientes estén tiernos. Cuele el caldo y úselo como base para sopas o cualquier otro platillo. También se pude congelar el caldo para ser usado más tarde.
Nota: Si desea, agregue otras verduras a este caldo, para realzar el sabor.

* El análisis nutricional de este caldo se incluye cuando se lo utiliza como ingrediente en otras recetas.

Guisado de Verduras
Da 3 ¹/₂ litros

2 ¹/₂ litros de agua
2 tazas de zanahorias cortadas en cubitos
1 taza de papas cortadas en cubitos
1 taza de cebollas cortadas muy fino
1 ¹/₂ taza de frijoles verdes (ejotes) frescos o congelados
3 a 4 dientes de ajo, picados
1 taza de tomate fresco picado o ¹/₂ taza de tomate envasado
3 cucharadas de albahaca fresca, picada, o una cucharada de albahaca seca
1 a 2 cucharaditas de sal
¹/₂ taza de fideos de harina integral, partidos, o coditos de macarrones
1 taza de aceitunas rellenas con pimiento, cortadas por la mitad
2 tazas de frijoles rojos cocidos
¹/₂ taza de queso parmesano rallado

Hierva el agua en una olla apropiada; agregue los siguientes 7 ingredientes. Reduzca el calor; cubra y haga hervir a fuego lento de 10 a 15 minutos o hasta que las verduras se pongan blandas. Revuelva y agregue la sal, el fideo y las aceitunas. Cocine a fuego lento hasta que los fideos estén tiernos, revolviendo ocasionalmente. Agregue el frijol rojo y caliente hasta el punto e ebullición. Agregue el condimento a gusto. Aderece con queso parmesano; sirva de inmediato.

Información nutricional por porción
Porcentaje de lo recomendado en Estados Unidos

Calorías…140	Proteína…7
Carbohidratos…22g	Grasa…4g
Sodio…640mg	Potasio…430mg
Proteína…10%	Vitamina A…170%
Vitamina C…15%	Tiamina…10%
Riboflavina….6%	Niacina…6%
Calcio…10%	Hierro…10%
Fósforo…15%	

Caldo de Verduras II *
Da 3 litros

1   cucharada de aceite vegetal
2   cebollas, cortadas en tajadas gruesas
2   tallos de apio, en tajadas
3   zanahorias grandes, picadas en trozos
1   nabo, cortado en trozos gruesos
1   papa, cortada en pedazos
3   litros de agua
2 a 3 dientes de ajo, molidos
6   puntas de perejil
¹/₂ hoja de laurel
1   cucharadita de tomillo

Caliente el aceite en una olla de buen tamaño. Agregue las verduras y sofríalas durante 10 minutos o hasta que estén tiernas. Agregue el agua y los aliños; hágalos hervir. Reduzca el calor; cubra la olla y cocine a fuego lento durante 1 a 1 ? hora. Pase el caldo por un colador para separarlo de las verduras. Utilícelo en cualquier receta en que se necesite caldo de verduras. También se puede congelar en cubos para tener fácil acceso al mismo.

* El análisis nutricional de este caldo se incluye cuando se o utiliza como ingrediente en otras recetas.

Sopa Nutritiva de Frijoles
Da 12 porciones

1   libra (2 ¹/₂ tazas) de frijoles negros
1   cucharada de aceite vegetal o de oliva
1   cebolla grande roja o amarilla, cortada en cubitos
2   zanahorias, ralladas
2   tallos de apio, trozados
3 a 5 dientes de ajo, molidos

1 ¹/₂ litro de caldo vegetal
4   tomates pelados, sin semilla y cortados en cubos
2   tazas de arroz integral cocido
1   hoja de laurel
¹/₂ cucharadita de comino molido
1   cucharadita de orégano
1   cucharadita de sal
    Rábanos cortados en rodajas, o cuñas de limón, opcional

Limpie los frijoles y lávelos la noche anterior. Cúbralos con agua y déjelos remojar durante toda la noche en una olla grande. Tape la olla y haga hervir los frijoles. Reduzca el calor, siga cocinándolos a fuego lento durante 30 a 45 minutos o hasta que se haya consumido la mayor parte del agua. Mientras se cocinan los frijoles, caliente el aceite en una cacerola grande a medio fuego. Agregue la cebolla, las zanahorias, el apio y el ajo; sofríalos revolviendo a menudo, hasta que la cebolla esté tierna. Agregue el caldo de verduras, los tomates, el arroz y los aliños; cocine a fuego lento durante 15 minutos. En una licuadora licúe dos tazas de frijoles por vez en media taza de sopa hasta obtener una mezcla suave. Coloque toda la mezcla en la cacerola. Caliéntela casi a punto de ebullición. Sirva la sopa adornada con rodajas de rabanitos o cuñas de limón, si lo desea.

Información nutricional por porción	
Porcentaje de lo recomendado en Estados Unidos	
Calorías…200	Proteína…10g
Carbohidratos…36g	Grasa…2g
Sodio…190mg	Potasio…540mg
Proteína…15%	Vitamina A…70%
Vitamina C…10%	Tiamina…15%
Riboflavina….6%	Niacina…8%
Calcio…6%	Hierro…20%
Fósforo…20%	

Crema de Vegetales
Da 5 porciones

1   cucharada de mantequilla
1   cebolla mediana roja o amarilla, o un ata-
    dito de cebollas verdes, picadas
1   cucharada de harina blanca
¹/₄ taza de leche en polvo descremada
1   lata de 13 onzas de leche evaporada y
    descremada
2   tazas de caldo de verdura
1   libra de verduras, de su propia elección:
    zanahoria o apio, picado finamente; bró-
    coli o coliflor, cortado en trozos; 1 libra
    de champiñones, picados en trozos irregu-
    lares; 2 atados de espinacas o de berros; 1
    atado de acelga, col o verdolaga
4   tazas de lechuga picada
    Sal a gusto

Derrita la mantequilla en una cacerola grande.
Sofría la cebolla durante 3 minutos o hasta que esté
tierna. Agregue la harina y la leche en polvo,
revolviendo constantemente hasta que haga burbujas. Agregue en forma gradual la leche evaporada,
revolviendo la mezcla hasta que esté suave.
Agréguele el caldo de verduras. Agregue las demás
verduras y haga hervir la sopa. Reduzca el calor;
cocine a fuego lento, revolviendo ocasionalmente,
hasta que la sopa se espese y las verduras estén bien
cocidas. Agregue las verduras verdes. Cubra la olla
y déjela durante 3 minutos a fuego lento. Sazone
con sal. En una licuadora o procesadora de alimentos, licúe la sopa en porciones convenientes hasta
que quede cremosa. Sírvase caliente o fría.

Información nutricional por porción	
Porcentaje de lo recomendado en Estados Unidos	
Calorías…150	Proteína…12g
Carbohidratos…20g	Grasa…3g
Sodio…180mg	Potasio…760mg
Proteína…20%	Vitamina A…40%
Vitamina C…100%	Tiamina…10%
Riboflavina….25%	Niacina…4%
Calcio…35%	Hierro…8%
Fósforo…30%	

Variaciones:

- **Crema de Zanahorias.** Agregue entre ¹/₂ y
  1 cucharadita de eneldo picado, salvia o
  tomillo. Sirva cada porción con una cuña
  de limón y una cucharada de yogurt sin
  sabor.
- **Crema de Brócoli.** Sirva cada porción
  adornada con ¹/₂ cucharada de queso cheddar rallado.
- **Crema de Champiñones.** Omita el caldo.
  Agregue 1 taza de yogurt sin sabor y 1 lata
  adicional de leche evaporada descremada.
  Revuelva ? de taza de perejil picado.
  Agregue una pizca de macia o nuez moscada. Adorne con crema agria.
- **Crema de Berro.** Adorne con cuñas de
  limón y ramitas de berro.

Sopa de Arvejitas con Cebada
Da alrededor de 2 ¹/₂ litros

2 cucharadas de aceite vegetal
2 zanahorias medianas, cortada en cubitos
1 cebolla mediana, cortada en cubitos
1 tallo de apio, picado
7 ¹/₂ tazas de agua
1 cucharada de perejil picado
2 cubos de consomé de verduras, opcional
1 taza de arvejitas partidas (guisantes, split peas), remojadas 8 horas, coladas
¹/₂ taza de cebada, bien lavada
  Sal a gusto
  Perejil fresco picado

Caliente el aceite en una ola de tamaño conveniente. Agregue las zanahorias, las cebollas y el apio; sofría hasta que estén tiernos. Agregue el agua, el perejil picado, los cubos de consomé, las arvejitas partidas y la cebada; hágase hervir. Reduzca el calor; cubra y deje cocinar a fuego lento durante 2 horas o hasta que las arvejitas estén blandas. Agregue la sal y más agua, si se necesita. Sirva caliente, adornado con perejil fresco picado.

Información nutricional por porción	
Porcentaje de lo recomendado en Estados Unidos	
Calorías…140	Proteína…6g
Carbohidratos…22g	Grasa…3g
Sodio…15mg	Potasio…260mg
Proteína…8%	Vitamina A…80%
Vitamina C…4%	Tiamina…10%
Riboflavina….4%	Niacina…4%
Calcio…0%	Hierro….8%
Fósforo…4%	

Sopa de Cebada con Verduras
Da 8 porciones

1 hoja de laurel
4 ramitas de perejil
1 cucharadita de tomillo
1 cucharada de aceite vegetal
3 zanahorias medianas, cortadas en cubitos
2 tallos de apio, en tajadas finas
1 cebolla roja grande, en rebanadas finas
¹/₂ libra de ejotes,* cortados diagonalmente
1 nabo, cortado en cubos
2 a 3 dientes de ajo, molidos
2 cucharadas de salsa de tomate
1 taza de cebada, bien lavada
5 tazas de caldo de verduras
1 taza de yogurt sin sabor
  Sal a gusto

Prepare un ramo de aderezo atando los tres primeros ingredientes en un trozo pequeño de estopilla; colóquelo de lado. Caliente el aceite en una cacerola grande. Sofría la zanahoria, el apio, la cebolla, los ejotes, el nabo y el ajo alrededor de 5 minutos o hasta que las verduras estén tiernas. Agregue la pasta de tomate y revuelva. Agregue la cebada, el caldo y el ramito de aderezo; cocine a fuego lento durante 20 minutos o hasta que la cebada esté tierna. Descarte el atado de aderezo. Licúe la sopa por partes hasta que se vuelva cremosa. Mézclele el yogurt. Coloque de nuevo toda la sopa en la cacerola; caliéntela bien, pero no la hierva. Sazónela con sal.

Información nutricional por porción	
Porcentaje de lo recomendado en Estados Unidos	
Calorías…160	Proteína…6g
Carbohidratos…28g	Grasa…3g
Sodio…75mg	Potasio…370mg
Proteína…8%	Vitamina A…160%
Vitamina C…15%	Tiamina…8%
Riboflavina….8%	Niacina…8%
Calcio…8%	Hierro…6%
Fósforo…10%	

* Siempre que se usa el término "ejotes", es equivalente a habichuelas verdes, porotos verdes, vainitas.

Sopa Fría de Fruta
Da de 4 a 6 porciones

3   libras de fruta surtida (fresas, moras, cerezas, damascos (albaricoques), peras, ciruelas y duraznos, cortados en tajadas)
5   tazas de agua
2   cucharadas de jugo de limón
    Canela a gusto
1 a 2 cucharadas de miel
1 ¹/₂ cucharada de maranta (arrurruz)
    Crema agria o yogurt sin sabor

Corte la fruta en tajadas después de quitarle las semillas, pero no la pele. Coloque la fruta en una olla grande; agregue el agua, el jugo de limón, la canela y la miel. Cocine a fuego lento hasta que la fruta esté suave. Quite la fruta de la olla; guarde el jugo. Pase la fruta por una licuadora o una procesadora de alimentos; vuelva a colocarla en la olla. Mezcle el arrurruz con una pequeña cantidad de agua; revuélvalo con el puré de fruta. Haga hervir la mezcla revolviendo constantemente. Agréguele un poquito de agua si está demasiado espesa. Manténgala 5 minutos a fuego lento. Enfríela; sírvala con crema agria.

Información nutricional por porción
Porcentaje de lo recomendado en Estados Unidos

Calorías…130	Proteína…2g
Carbohidratos…31g	Grasa…1g
Sodio…0mg	Potasio…450mg
Proteína…2%	Vitamina A…30%
Vitamina C…40%	Tiamina…4%
Riboflavina….6%	Niacina…4%
Calcio…2%	Hierro…4%
Fósforo…2%	

Sopa Campestre de Verduras
Da 4 porciones

1   cucharadita de mantequilla
1   manojo de cebollas verdes, cortadas finamente
1   cebolla grande roja, cortada
1   taza de apio picado
1   taza de zanahoria rallada
3 ¹/₂ tazas de caldo de verduras
3   zapallitos italianos (zucchini) medianos, cortados en rodajas finas
1   atado de acelgas o espinacas, cortadas en trozos irregulares, o un paquete de 10 onzas de acelga o brócoli congelado
¹/₂ cucharadita de mejorana
    Sal y jugo de limón a gusto

Derrita la mantequilla en una cacerola grande. Agréguele la cebolla verde, la cebolla roja, el apio y la zanahoria; cubra y sofría hasta que el apio comience a estar suave, alrededor de 10 minutos. Agregue el caldo y hágalo hervir. Reduzca el calor; cocine a fuego lento durante 2 minutos. Agregue el zucchini y siga cocinando a fuego lento durante 3 minutos. Agregue la acelga; cocine durante otros 5 minutos; agregue la mejorana; sazone con sal y jugo de limón.

Información nutricional por porción
Porcentaje de lo recomendado en Estados Unidos

Calorías…70	Proteína…3g
Carbohidratos…14g	Grasa…1g
Sodio…180mg	Potasio…840mg
Proteína…4%	Vitamina A…200%
Vitamina C…30%	Tiamina…8%
Riboflavina….6%	Niacina…4%
Calcio…8%	Hierro…10%
Fósforo…8%	

Minestrone Rápido
Da 4 porciones

1   cucharadita de aceite de oliva
$^1/_3$ taza de champiñones cortados en cubos
$^1/_3$ taza de cebolla, cortada en cubitos
$^1/_3$ taza de apio en rebanadas finas
1 o 2   dientes de ajo, picados
3   tomates medianos, pelados, sin semillas y cortados en cubitos, o una lata de tomates de 16 onzas, con líquido, en pedazos
4   tazas de caldo de verduras
2   zucchinis pequeños, en rebanadas delgadas
1   zanahoria grande, en rebanadas delgadas
1   taza de repollo tipo Savoy, cortado fino
1   lata de 16 onzas de garbanzos, sin agua
$^1/_2$ cucharadita de romero o salvia
$^1/_2$ taza de macarrones de coditos
     Queso parmesano recién rallado

Caliente el aceite en una olla grande. Sofría los champiñones, la cebolla, el apio y el ajo hasta que estén tiernos. Agregue el caldo, los tomates, el zucchini, la zanahoria, el repollo, los garbanzos y el romero. Hágalo hervir todo. Reduzca el calor; cocine a fuego lento durante 20 minutos. Agregue los macarrones; cocine a fuego lento durante 10 minutos. Adorne cada porción con un poquito de queso parmesano

Información nutricional por porción	
Porcentaje de lo recomendado en Estados Unidos	
Calorías…180	Proteína…8g
Carbohidratos…33g	Grasa…3g
Sodio…320mg	Potasio…610mg
Proteína…10%	Vitamina A…120%
Vitamina C…40%	Tiamina…15%
Riboflavina….10%	Niacina…10%
Calcio…8%	Hierro…15%
Fósforo…15%	

Sopa Pistú
Da 6 porciones

$^1/_2$ taza de frijoles rojos secos
2   tazas de cebolla roja en cubitos
3   papas grandes cortadas en cubitos
4   tomates, pelados, sin semilla, en cubitos
$^1/_2$ libra de ejotes, despuntados y cortados en trocitos de una pulgada
2   zucchinis pequeños, en cubos
2   calabacitas de cuello retorcido, en cubos
1   taza de fideos de harina integral o de espinacas, partidos
     Una pizca de polvo de azafrán
$^1/_2$ taza de albahaca bien aplastada
4   dientes de ajo
$^1/_2$ taza de queso parmesano

Limpie los frijoles y lávelos bien la noche anterior. En una cacerola de 6 litros coloque los frijoles y suficiente agua para cubrirlos. Remójelos durante toda la noche. Cúbralos y hágalos hervir. Reduzca el calor y cocine a fuego lento durante 45 minutos o hasta que los frijoles estén tiernos. Quíteles el agua. Llene de agua hasta la mitad la olla grande. Agréguele la cebolla y las papas. Cocine a fuego lento durante 40 minutos. Agregue los tomates, los frijoles rojos, los ejotes, el zucchini, la calabacita, los fideos y el azafrán; cocine a fuego lento durante 15 minutos más. Inmediatamente antes de servir la sopa muela la albahaca, el ajo y el queso juntos en un mortero, hasta formar una pasta suave. Derrame la pasta en la sopa y revuelva bien.

Información nutricional por porción	
Porcentaje de lo recomendado en Estados Unidos	
Calorías…270	Proteína…13g
Carbohidratos…52g	Grasa…2g
Sodio…95mg	Potasio…1220mg
Proteína…20%	Vitamina A…30%
Vitamina C…50%	Tiamina…30%
Riboflavina….15%	Niacina…20%
Calcio…20%	Hierro…25%
Fósforo…25%	

Sopa Fría de Pepinos
Da 4 porciones

2   pepinos pelados, sin semilla y cortados en tiras finas
2   cebollas cortadas en rodajas
$^1/_2$ hoja de laurel, opcional
1   lata de leche evaporada y descremada de 13 onzas
2   gajitos de perejil
2   cucharadas de harina blanca
$^1/_2$ taza de caldo de verduras
$^1/_2$ taza de agua
    Sal a gusto

Combine los pepinos, la cebolla, la hoja de laurel, la leche evaporada y el perejil en una olla grande. Cocine a fuego lento durante 10 minutos o hasta que las verduras estén tiernas. En una olla pequeña mezcle la harina con el caldo de verduras para hacer una pasta; cocínelo hasta que haga burbujas, revolviendo constantemente. Derrame la mezcla sobre las verduras calientes. Revuelva todo hasta que se espese. Con la ayuda de una licuadora o una procesadora de alimentos, licúe la sopa en porciones convenientes hasta que quede cremosa. Agregue el agua y la sal revolviendo bien. Enfríe bien la sopa antes de servirla.

Información nutricional por porción	
Porcentaje de lo recomendado en Estados Unidos	
Calorías…110	Proteína…9g
Carbohidratos…18g	Grasa…0g
Sodio…115mg	Potasio…510mg
Proteína…10%	Vitamina A…10%
Vitamina C…10%	Tiamina…6%
Riboflavina….20%	Niacina…2%
Calcio…30%	Hierro…4%
Fósforo…20%	

Sopa Helada de Tomates
Da 4 porciones

1   taza de yogurt sin sabor
8   onzas de queso crema, ablandado
1   taza de leche
3   tazas de jugo de tomate
1   cucharada de cebolla roja rallada
2   cucharadas de jugo de limón
$^1/_4$ cucharadita de sal
    Una pizca de salsa Tabasco®
1 a 2 cucharadas de menta picada fina
$^1/_2$ pepino pequeño, pelado, sin semilla y cortado en cubitos
    Puntas de menta

Combine el yogurt con el queso en una procesadora de alimentos. Mezcle allí mismo los siete ingredientes siguientes. Ajuste los condimentos a su gusto. Cubra y enfríe totalmente. Sirva la sopa adornada con los cubitos de pepinos y las puntas de menta.

Información nutricional por porción	
Porcentaje de lo recomendado en Estados Unidos	
Calorías…300	Proteína…11g
Carbohidratos…18g	Grasa…22g
Sodio…1030mg	Potasio…750mg
Proteína…15%	Vitamina A…40%
Vitamina C…60%	Tiamina…10%
Riboflavina….25%	Niacina…6%
Calcio…25%	Hierro…10%
Fósforo…25%	

Ratatouille
Da 8 porciones

1 taza de champiñones, en tajadas finas
1 cebolla grande, cortada
2 zucchinis medianos, cortados en tajadas de ¹/₄ pulgada de grueso
2 pimientos verdes grandes, cortados en rodajas de ¹/₄ pulgada
2 dientes de ajo picados
¹/₄ taza de aceite de oliva
¹/₄ cucharadita de albahaca
¹/₄ cucharadita de orégano
4 tomates medianos, pelados, sin semilla y picados
1 berenjena mediana, pelada y cortada en cubitos
Perejil a gusto

Sofría los champiñones con la cebolla, el zucchini, los pimientos y el ajo en el aceite de oliva, en una cacerola grande, hasta que estén tiernos, pero no recocidos. Agregue el resto de los ingredientes. Cocine a fuego lento de 20 a 25 minutos, agregando agua si la mezcla se vuelve demasiado espesa. Sirva la sopa caliente o fría.

Información nutricional por porción	
Porcentaje de lo recomendado en Estados Unidos	
Calorías…100	Proteína…2g
Carbohidratos…9g	Grasa…7g
Sodio…10mg	Potasio…380mg
Proteína…2%	Vitamina A…15%
Vitamina C…80%	Tiamina…8%
Riboflavina….6%	Niacina…6%
Calcio…2%	Hierro…6%
Fósforo…4%	

Sopa Dorada de Verduras
Da 4 porciones

1 cucharadita de mantequilla
1 cebolla roja pequeña, cortada en cubitos
1 puerro cortado en rebajadas (sólo la parte blanca)
3 tazas de caldo de verduras
1 papa pequeña cortada en cubitos
1 nabo pequeño, cortado en cubitos
8 zanahorias pequeñas, cortadas en rebanadas delgadas
¹/₂ a ¹/₄ cucharadita de tomillo o albahaca
Sal a gusto
4 onzas de queso Naufchatel o de yogurt sin sabor

Derrita la mantequilla en la olla grande. Agregue la cebolla y el puerro; sofríalos, revolviendo hasta que estén suaves. Agregue los ingredientes restantes con excepción del queso. Hierva la sopa. Reduzca el calor; cubra y cocine a fuego lento durante 20 minutos hasta que las verduras estén tiernas. En una licuadora o procesadora de alimentos, licúe la sopa hasta que quede suave. Vuelva a colocar la mezcla en la olla y sazónela a su gusto. Caliéntela y déjela reposar, o enfríela antes de servirla. Aderece cada porción con queso Neufchatel o yogurt.

Información nutricional por porción	
Porcentaje de lo recomendado en Estados Unidos	
Calorías…160	Proteína…5g
Carbohidratos…17g	Grasa…8g
Sodio…170g	Potasio…470mg
Proteína…6%	Vitamina A…400%
Vitamina C…20%	Tiamina…6%
Riboflavina….6%	Niacina…6%
Calcio…6%	Hierro…6%
Fósforo…10%	

Coliflor en Salsa de Queso
Da de 4 a 6 porciones

1 cabeza de coliflor, mediana
¼ taza de agua
¼ libra de champiñones, en cubitos
1 cucharada de mantequilla o margarina
1 cucharada de harina blanca
¼ cucharadita de sal
1 cucharadita de perejil picado
¼ taza de leche
1 taza de queso cheddar rallado
⅓ taza de crema agria

Limpie bien la coliflor quitando las hojas y el tallo grueso, pero deje la cabeza intacta. Coloque la cabeza de coliflor en una fuente honda para microondas, con la parte del tallo hacia abajo. Agréguele agua y cúbrala. Cocínela en un horno de microondas a temperatura alta durante 8 ó 9 minutos, dándola vuelta después de 4 minutos. Deje reposar durante 3 minutos; luego quiete el agua. Combine los champiñones con la mantequilla en una cacerola de microondas de 1 ½ litro. Cocínelo a temperatura alta durante 2 minutos o hasta que los champiñones estén tiernos, revolviendo después de un minuto de cocción. Revuelva la harina con la sal, el perejil y la leche. Cocine en un microondas a temperatura alta durante 1 ½ a 3 minutos, cuidando de revolver después de cada minuto hasta que esté espeso. Agregue el queso a esta mezcla y revuélvalo bien, cocínelo a temperatura alta durante 15 segundos, para que el queso se derrita. Mézclele la crema agria. Derrame esta salsa sobre la coliflor.

Información nutricional por porción	
Porcentaje de lo recomendado en Estados Unidos	
Calorías…240	Proteína…11g
Carbohidratos…10g	Grasa…17g
Sodio…380mg	Potasio…570mg
Proteína…20%	Vitamina A…10%
Vitamina C…90%	Tiamina…8%
Riboflavina…20%	Niacina…10%
Calcio…30%	Hierro…8%
Fósforo…25%	

Coliflor en salsa de queso.

Coliflor en Salsa de Limón
Da 6 porciones

1 cabeza mediana de coliflor
1 ½ taza de agua
½ taza de leche descremada en polvo
1 cucharada de mantequilla
2 dientes de ajo, picados
2 cucharadas de perejil picado
1 cucharada de jugo de limón
Rebanadas de tomate

Quite las hojas externas de la coliflor y el tallo grueso. Coloque la coliflor en una cacerola grande. Agregue el agua y la leche en polvo. (La leche impedirá la decoloración). Hágalo hervir. Reduzca el calor y cocine a fuego lento, a medio tapar, hasta que el tallo esté tierno, alrededor de 15 minutos. Quítele el agua y coloque la coliflor en una fuente. Derrita la mantequilla en un ollita chica. Agregue el ajo, el perejil y el jugo de limón y mézclelo bien. Derrame la salsa sobre la coliflor. Arregle las rebanadas de tomate alrededor de la coliflor para darle un aspecto atractivo.

Información nutricional por porción	
Porcentaje de lo recomendado en Estados Unidos	
Calorías…70	Proteína…5g
Carbohidratos…9g	Grasa…2g
Sodio…8mg	Potasio…410mg
Proteína…6%	Vitamina A…8%
Vitamina C…60%	Tiamina…6%
Riboflavina….10%	Niacina…2%
Calcio…10%	Hierro…2%
Fósforo…10%	

Suflé de Espárrago
Da 6 porciones

1 libra de espárragos frescos, cortados en trocitos de 1 pulgada o un paquete de 10 onzas de espárragos congelados, cortados

$^1/_4$ taza de agua

$^1/_4$ taza de cebolla verde picada

2 cucharadas de mantequilla o margarina

2 cucharadas de harina blanca

$^1/_2$ cucharadita de sal

1 $^1/_2$ taza de crema agria

3 huevos, separados, con las yemas levemente batidas

$^1/_2$ cucharadita de crémor tártaro

Coloque los espárragos en agua en una cacerola de 1 litro para microondas. Cúbrala y cocine en el horno de microondas a temperatura alta durante 7 minutos. Quite el agua y coloque de lado. Ponga la cebolla y la mantequilla en una cacerola de 2 litros para microondas. Cocine a temperatura alta durante 1 ó 2 minutos o hasta que la cebolla esté tierna. Agregue la harina, la sal, la crema agria y las yemas de huevo, revolviendo. Bata las claras de los huevos con el crémor tártaro en un bol hasta que estén firmes, pero no secas. Envuelva la clara batida en la mezcla de las yemas. Coloque la mitad de los espárragos en el fondo de un molde para microondas en forma de anillo. Cúbralos con la mitad de la mezcla de los huevos. Repita esta operación en capas. Cocine en el horno de microondas a temperatura mediana de 8 a 15 minutos o hasta que la mezcla esté firme. Haga rotar el molde cada 4 minutos. Invierta el Suflé sobre un plato de servir cuando esté listo.

Información nutricional por porción
Porcentaje de lo recomendado en Estados Unidos

Calorías…230	Proteína…7g
Carbohidratos…8g	Grasa…19g
Sodio…290mg	Potasio…320mg
Proteína…10%	Vitamina A…25%
Vitamina C…25%	Tiamina…8%
Riboflavina….15%	Niacina…4%
Calcio…10%	Hierro…6%
Fósforo…10%	

Provinciana de Ejotes
Da 4 porciones

1 cucharadita de aceite vegetal

2 a 3 cucharadas de cebolla roja picada

1 taza de tomates picados

1 diente de ajo molido

1 cucharadita de paprika

$^1/_2$ cucharadita de albahaca

$^1/_2$ cucharadita de tomillo
Cáscara rallada de una naranja

1 taza de caldo de verduras o de agua

1 libra de ejotes verdes cortados en trozos

Caliente el aceite en una cacerola mediana. Agregue la cebolla y sofríala hasta que esté tierna, de 3 a 5 minutos. Agregue el resto de los ingredientes con excepción de los ejotes. Hágalo hervir. Reduzca el calor; cubra y cocine a fuego lento de 10 a 15 minutos. Agregue los ejotes; cubra y cocine a fuego lento durante 5 minutos más o hasta que estén tiernos, pero firmes.
Variación: Omita la paprika. Espolvoree con $^1/_2$ a $^1/_2$ taza de queso parmesano rallado. Revuelva bien.

Información nutricional por porción
Porcentaje de lo recomendado en Estados Unidos

Calorías…50	Proteína…3g
Carbohidratos…11g	Grasa…1g
Sodio…10mg	Potasio…320mg
Proteína…4%	Vitamina A…25%
Vitamina C…30%	Tiamina…8%
Riboflavina…8%	Niacina…6%
Calcio…6%	Hierro…10%
Fósforo…4%	

Alcachofas Rellenas
Da 4 porciones

4   Alcachofas medianas
1/4 taza de jugo de limón
1/4 taza de agua
1/4 taza de cebolla verde picada
1/4 taza de apio picado
1   diente de ajo, molido
1   cucharada de mantequilla o margarina
1   paquete de 12 onzas de suflé congelado de espinacas
1/2 taza de miga de pan fina
1 1/2 cucharadita de perejil seco
1/2 taza de queso cheddar rallado

Corte 1 pulgada de la parte superior de las alcachofas; arregle la base. Recorte las puntas agudas de las hojas; unte los cortes con jugo de limón. Coloque las alcachofas y el agua en una fuente cuadrada para microondas, de 8 pulgadas de ancho. Cúbrala con un plástico transparente. Cocínela en el horno de microondas a temperatura alta durante 6 minutos o hasta que las hojas se puedan arrancar fácilmente, rotando la fuente después de 3 minutos. Déjela a un lado. Combine la cebolla, el apio, el ajo y la mantequilla en una fuente pequeña para microondas. Cocine a temperatura alta durante dos o tres minutos o hasta que los ingredientes estén tiernos, revolviendo después de un minuto. Agregue el suflé, la miga de pan y el perejil, revolviendo. Abra el centro de cada alcachofa; quiete las hojas centrales y respe el fondo. Rellene las alcachofas con la mezcla de espinacas. Cubra la fuente con plástico transparente. Cocine en el horno de microondas a temperatura alta durante 6 minutos o hasta que estén tiernas, rotando la fuente cada 3 minutos. Espolvoree las alcachofas con queso; cúbralas y hornee a temperatura alta de 1 a 2 minutos o hasta que el queso se derrita.

Información nutricional por porción
Porcentaje de lo recomendado en Estados Unidos

Calorías…310	Proteína…14g
Carbohidratos…21g	Grasa…20g
Sodio…740mg	Potasio…430mg
Proteína…20%	Vitamina A…50%
Vitamina C…20%	Tiamina…10%
Riboflavina….20%	Niacina…6%
Calcio…30%	Hierro…15%
Fósforo…30%	

Ejotes a la Mexicali
Da 6 porciones

1 1/2 libras de ejote (porotos verdes o vainitas)
1   cucharada de mantequilla
1   cebolla roja mediana, en rebanadas delgadas
5   cucharadas de agua
3   dientes de ajo picado
1/2 cucharadita de cúrcuma (turmeric)
2 a 3 cucharadas de salsa picante
1/4 cucharadita de comino
2   cucharaditas de jugo de limón o de lima
2   cucharaditas de cilantro picado

Lave bien los ejotes, despúntelos y córtelos diagonalmente en trozos de 1 pulgada. Derrita la mantequilla en una cacerola grande sobre fuego mediano. Agregue los ejotes, la cebolla y el agua; revuélvalos. Cúbralos y cocínenlos hasta que estén tiernos, alrededor de 7 minutos. Agregue los ingredientes restantes mientras revuelve.

Información nutricional por porción
Porcentaje de lo recomendado en Estados Unidos

Calorías…60	Proteína…2g
Carbohidratos…10g	Grasa…2g
Sodio…60mg	Potasio…290mg
Proteína…2%	Vitamina A…15%
Vitamina C…25%	Tiamina…6%
Riboflavina….6%	Niacina…4%
Calcio…4%	Hierro…8%
Fósforo…6%	

Sabrosas Zanahorias con Naranja
Da 6 porciones

3   tazas de zanahoria en trozos largos y delgados
1   cebolla pequeña, en tajadas separadas
3   cucharadas de margarina
1   cucharada de cáscara de naranja rallada
    Jugo de 1 naranja
1 ½ cucharadita de perejil picado

Cocine las zanahorias y la cebolla en 1 pulgada de agua hirviendo con sal, de 10 a 20 minutos o hasta que estén tiernas. Descarte el agua; agregue los ingredientes restantes. Caliente bien.

Información nutricional por porción
Porcentaje de lo recomendado en Estados Unidos

Calorías…80	Proteína…1g
Carbohidratos…8g	Grasa…6g
Sodio…90mg	Potasio…240mg
Proteína…0%	Vitamina A…350%
Vitamina C…15%	Tiamina…4%
Riboflavina….2%	Niacina…2%
Calcio…2%	Hierro…2%
Fósforo…2%	

Zanahorias Vichy
Da 4 porciones

1   libra de zanahorias nuevas, sin hojas ni raíces
    Agua hirviendo con sal
2   cucharadas de mantequilla
2   cucharadas de jugo de limón
1   cucharada de miel o azúcar derretida

Coloque las zanahorias en una cacerola grande. Cúbralas con el agua hirviendo; cocínelas a fuego lento, cubiertas, hasta que estén tiernas, pero firmes, de 8 a 10 minutos. Descarte el agua. Agrégueles el resto de los ingredientes. Sofría las zanahorias, a una temperatura entre mediana y alta, agitando la cacerola de vez en cuando.

Información nutricional por porción
Porcentaje de lo recomendado en Estados Unidos

Calorías…120	Proteína…1g
Carbohidratos…16g	Grasa…6g
Sodio…100mg	Potasio…380mg
Proteína…0%	Vitamina A…640%
Vitamina C…15%	Tiamina…6%
Riboflavina….4%	Niacina…4%
Calcio…2%	Hierro…2%
Fósforo…4%	

Variaciones:

- **Naranja.** Omita el jugo de limón y la miel. Agregue de ½ a 1 cucharada de jengibre picado y de 1 a 2 cucharadas de jugo de naranja concentrado. Espolvoree con cáscara de naranja rallada, si lo desea.
- **Crema de cebolla.** Agregue a la cacerola de 2 a 3 chalotes o cebollines picados, durante los últimos 4 a 5 minutos del tiempo de cocción de las zanahorias. Inmediatamente antes de servir, agregue ⅓ taza de yogurt y ⅓ taza de queso crema mezclándolo todo.

Coliflores con Arvejitas en Salsa de Crema
Da 4 a 6 porciones

2 tazas de coliflor fresca, en trocitos o un paquete de 10 onzas de coliflor congelada
1 taza de arvejitas (peas) congeladas
2 cucharadas de agua
¼ taza de cebolla picada
1 cucharada de mantequilla o margarina
1 cucharada de harina
¼ taza de mezcla de leche y crema en proporciones iguales
¼ taza de agua
1 cucharada de pimiento picado
½ cucharadita de perejil seco
½ cucharadita de consomé de verduras instantáneo granulado
⅛ cucharadita de sal

Combine la coliflor, las arvejitas y el agua en una cacerola de 1 ½ litro, para microondas. Cocínela a temperatura alta de 6 a 8 minutos o hasta que estén tiernas, revolviendo después de 3 minutos. Póngalo de lado. Coloque la cebolla y la mantequilla en un bol pequeño para microondas, cocine a temperatura elevada de 1 a 2 minutos o hasta que la cebolla esté tierna. Revuélvale la harina. Agregue los ingredientes restantes. Cocine todo en microondas a temperatura alta de 1 ½ a 2 minutos o hasta que se espese, revolviendo cada minuto. Quite el agua de las verduras; derrame la salsa sobre las verduras y revuélvalo todo.

Información nutricional por porción	
Porcentaje de lo recomendado en Estados Unidos	
Calorías…100	Proteína…4g
Carbohidratos…11g	Grasa…5g
Sodio…150mg	Potasio…280mg
Proteína…6%	Vitamina A…10%
Vitamina C…50%	Tiamina…10%
Riboflavina….4%	Niacina…4%
Calcio…4%	Hierro…6%
Fósforo…6%	

Girasol de Alcachofas
Da 4 porciones

2 alcachofas grandes, limpias, recortadas y cocidas
4 onzas de queso Neufchatel, ablandado
½ cucharadita de ajo en polvo
½ cucharadita de cebolla en polvo
½ cucharadita de salsa de chile picante
1 a 2 cucharadas de leche descremada
¼ libra de champiñones en botón
Paprika

Deshoje las alcachofas completamente. Separe las hojas bien firmes, fáciles de manejar y con una buena porción comestible. Divida los corazones en 4 partes. En un bol, mezcle el queso y el ajo y la cebolla en polvo, la salsa picante y suficiente leche como para preparar una pasta. Use los condimentos a su gusto. Rellene con la mezcla de queso cada una de las hojas reservadas. Coloque un botón de champiñón sobre el queso; espolvoree con paprika. En una bandeja redonda arregle las hojas en círculos concéntricos para que se asemejen a un girasol abierto. En el centro de la flor arregle los corazones de alcachofa.

Información nutricional por porción	
Porcentaje de lo recomendado en Estados Unidos	
Calorías…120	Proteína…5g
Carbohidratos…11g	Grasa…7g
Sodio…180mg	Potasio…340mg
Proteína…8%	Vitamina A…8%
Vitamina C…10%	Tiamina…4%
Riboflavina….8%	Niacina…4%
Calcio…6%	Hierro…8%
Fósforo…10%	

Papas Asadas Chantilly
Da 4 porciones

2   papas grandes, cortadas en cubos grandes
1   cebolla pequeña, cortada en cuatro
1   hoja de laurel
$^1/_2$ tallo de apio, picado
3 $^1/_2$ tazas de agua
2   huevos, separados
    Sal a gusto
1 a 2 cucharadas de cebollino picado o perejil
$^1/_2$ taza de crema batida
$^1/_4$ taza de queso bajo en grasa o parmesano
    rallado

Combine las papas con la cebolla, la hoja de laurel, el apio y el agua en una cacerola grande; cocínelos hasta que estén tiernos, alrededor de 20 minutos. Descarte el agua, reservando 1 taza para cocinar. Quite la hoja de laurel y maje las verduras cocidas con el agua de la cocción reservada, hasta que se haga una crema. Agregue las yemas de los huevos; mézclelas bien con las verduras. Sazone la mezcla con sal; derrámela en una fuente aceitada. Bata las claras de los huevos hasta que forme picos. Agréguele el cebollino y la crema batida; derrame sobre la mezcla de papas. Espolvoree con queso rallado y coloque la fuente en un horno precalentado a 500º F. Baje la temperatura a 325º inmediatamente; hornéelo hasta que el guiso se dore suavemente.
Nota: Se puede omitir el queso. En lugar de éste se puede rociar con $^1/_4$ taza de salsa de mantequilla. Hornéese como se dijo.

Información nutricional por porción
Porcentaje de lo recomendado en Estados Unidos

Calorías…260	Proteína…8g
Carbohidratos…25g	Grasa…14g
Sodio…115mg	Potasio…780mg
Proteína…10%	Vitamina A…10%
Vitamina C…30%	Tiamina…8%
Riboflavina….10%	Niacina…10%
Calcio…6%	Hierro…8%
Fósforo…15%	

Apio Víctor
Da 6 porciones

4   tazas de apio cortado
1 $^1/_2$ taza de champiñones cortados
1   cebolla pequeña, picada
2   cucharadas de aceite de oliva
2   cucharaditas de jugo de limón
$^2/_3$ taza de agua
1   cucharadita de consomé de verduras
    granulado
1   cucharadita de maizena
$^1/_2$ cucharadita de perejil seco
1   cucharadita de albahaca
1   hoja de laurel

Coloque el apio con los champiñones, la cebolla, el aceite y el jugo de limón en una cacerola para microondas. Póngalo de lado. Combine el agua, el consomé, la maizena en una taza de medir, para microondas. Hornee a temperatura alta durante 1 $^1/_2$ a 2 $^1/_2$ minutos o hasta que haga burbujas y se espese un poco, revolviendo la mezcla después de un minuto. Derrame sobre la mezcla de apio. Espolvoree todo con el perejil, la albahaca y la hoja de laurel. Cubra el guiso y hornéelo a temperatura alta durante 6 a 8 minutos o hasta que el apio esté tierno, pero firme, revolviéndolo de 2 a 3 minutos. Enfríe el guiso durante varias horas antes de servirlo.

Información nutricional por porción
Porcentaje de lo recomendado en Estados Unidos

Calorías…60	Proteína…1g
Carbohidratos…5g	Grasa…5g
Sodio…70mg	Potasio…310mg
Proteína…0%	Vitamina A…2%
Vitamina C…10%	Tiamina…2%
Riboflavina….6%	Niacina…4%
Calcio…4%	Hierro…4%
Fósforo…4%	

COCINA VEGETARIANA
Pastas, Arroz y Platos Principales

Pasta Primavera a la Sartén
Da 4 porciones

$^1/_2$ taza de mantequilla sin sal

1 cebolla mediana, cortada en cubitos

2 dientes de ajo grandes, picados o molidos

1 libra de espárragos delgados, cortados diagonalmente en trocitos de $^1/_4$ de pulgada, con las puntas intactas

$^1/_2$ libra de champiñones, en tajaditas finas

$^1/_2$ libra de coliflor, separada en trozos pequeños

1 zucchini, cortado en tajadas de $^1/_4$ pulgada

1 zanahoria pequeña, partida longitudinalmente y cortada diagonalmente en tajadas de $^1/_8$ pulgada

$^1/_2$ taza de caldo de verduras

$^1/_4$ taza de agua

2 cucharadas de albahaca fresca picada o 1 cucharadita albahaca seca

$^1/_2$ cucharadita de orégano

1 taza de arvejitas congeladas

5 cebollas verdes, picadas

2 a 3 cucharadas de perejil picado o cilantro
    Sal a gusto

16 onzas de fideos o tallarines, cocidos y sin agua

$^1/_2$ taza de queso parmesano rallado

Caliente un wok o una sartén profunda a una temperatura entre mediana y alta. Agregue la mantequilla, la cebolla y el ajo; sofríalos hasta que la cebolla esté tierna, más o menos 2 minutos. Agréguele los espárragos, los champiñones, la coliflor, el zucchini y la zanahoria; sofría durante 2 minutos más. Eleve la temperatura. Agregue el caldo de verduras, el agua, la albahaca y el orégano. Haga hervir durante unos 3 minutos o hasta que el líquido comience a reducirse. Agregue las arvejitas y las cebollas verdes; vuelva a calentar y revuelva suavemente durante 1 minuto. Agregue el perejil y la sal. Agregue los tallarines y el queso; revuelva todo hasta que el queso se haya distribuido uniformemente y los tallarines se hayan calentado bien.

Información nutricional por porción	
Porcentaje de lo recomendado en Estados Unidos	
Calorías...790	Proteína...28g
Carbohidratos...106g	Grasa...39g
Sodio...300mg	Potasio...1270mg
Proteína...45%	Vitamina A...150%
Vitamina C...110%	Tiamina...90%
Riboflavina....60%	Niacina...60%
Calcio...30%	Hierro...35%
Fósforo...50%	

Pasta primavera a la sartén.

Tallarines con Hierbas Frescas
Da 4 porciones

2	litros de agua
1	cucharadita de sal
8	onzas de tallarines
1	cucharada de aceite
2	cucharadas de romero fresco picado, tomillo o cebollino

Hierva el agua con sal en una olla mediana. Agregue los tallarines y el aceite; cocine hasta que estén tiernos, pero firmes, de 5 a 8 minutos. Mézclele las hierbas frescas antes de servirlo.

Información nutricional por porción	
Porcentaje de lo recomendado en Estados Unidos	
Calorías…250	Proteína…7g
Carbohidratos…41g	Grasa…6g
Sodio…0mg	Potasio…85mg
Proteína…10%	Vitamina A…2%
Vitamina C…0%	Tiamina…35%
Riboflavina….10%	Niacina…15%
Calcio…2%	Hierro…10%
Fósforo…10%	

Tallarines Alfredo
Da 4 porciones

2	litros de caldo de verduras
16	onzas de tallarines frescos
8	onzas de queso Neufchatel, blando
$^1/_2$	taza de yogurt sin sabor
1	cucharada de mantequilla
2 a 3	dientes de ajo, picados o molidos
$^1/_4$	taza de perejil picado
$^1/_4$	taza de queso parmesano recién rallado
	Nuez moscada recién molida y semillas de amapola

Hierva el caldo de verduras en una olla grande. Agréguele los tallarines; cocine durante 4 a 6 minutos o hasta que los tallarines estén tiernos. Cuele los tallarines, reservando el caldo para otros usos; coloque los tallarines a un lado. Mezcle el queso con el yogurt en un bol pequeño hasta formar una pasta suave; colóquelo a un lado. Derrita la mantequilla en una sartén grande. Sofría el ajo durante 1 minuto. Baje la temperatura. Agregue la mezcla de yogurt con queso; mezcle bien. Agregue los tallarines. Espolvoree con el perejil y el queso parmesano; revuelva suavemente. Adorne con el polvo de nuez moscada o las semillas de amapola.

Información nutricional por porción	
Porcentaje de lo recomendado en Estados Unidos	
Calorías…640	Proteína…24g
Carbohidratos…90g	Grasa…20g
Sodio…400mg	Potasio…390mg
Proteína…35%	Vitamina A…20%
Vitamina C…6%	Tiamina…70%
Riboflavina….35%	Niacina…35%
Calcio…20%	Hierro…20%
Fósforo…35%	

Pasta* con Ajo
Da 4 porciones

2	tazas de caldo de verduras
2	tazas de agua
8	onzas de pasta
1	cucharada de mantequilla
2	dientes de ajo, picados
$^1/_4$	taza de perejil picado
1	cucharadita de albahaca, mejorana, orégano o tomillo
	Queso parmesano o romano recién rallado

Hierva el caldo con el agua en una olla grande. Agregue la pasta y cocine hasta que esté tierna; de 4 a 6 minutos. Cuele la pasta y transfiérala a una fuente caliente. Derrita la mantequilla en una sartén pequeña y agréguele el ajo, el perejil y las demás hierbas. Caliéntelos bien. Derrame la mezcla de perejil sobre la pasta y revuelva bien. Espolvoree todo con queso parmesano.

*Cuando en estas recetas se usa la palabra pasta, nos referimos a tallarines, fideos, coditos, o productos similares, a elección de la persona que prepara la receta.

Información nutricional por porción	
Porcentaje de lo recomendado en Estados Unidos	
Calorías...270	Proteína...10g
Carbohidratos...44g	Grasa...5g
Sodio...150mg	Potasio...160mg
Proteína...15%	Vitamina A...8%
Vitamina C...4%	Tiamina...35%
Riboflavina....15%	Niacina...15%
Calcio...10%	Hierro...10%
Fósforo...15%	

Pasta Griega
Da 8 porciones

2 chayotes pelados, cortados por la mitad y en rebanadas delgadas

2 calabacitas amarillas de cuello retorcido, cortadas en rebanadas delgadas

2 zucchinis, cortados en rebanadas delgadas

1/2 libra de champiñones, cortados en rebanadas delgadas

1 a 2 puerros, cortados longitudinalmente por la mitad, limpios y en rebanaditas, o un atadito de cebollas verdes, picadas

4 tomates grandes, cortados en trozos o una lata de 28 onzas, de tomates italianos

2 a 3 cucharaditas de jugo de limón

1 hoja de laurel

1 cucharadita de albahaca

1 cucharadita de tomillo

1 cucharadita de orégano

1/2 cucharadita de canela

1/2 cucharadita de romero

1/4 cucharadita de nuez moscada
    Pasta recién cocida, arroz, o calabaza fibrosa

Queso romano o parmesano recién rallado

Combine todos los ingredientes en una cacerola grande, excepto la pasta cocida y el queso romano. Hierva todo. Reduzca el calor; cubra y cocine a fuego lento durante 30 minutos,

revolviendo ocasionalmente. Sirva todo sobre la pasta; espolvoree el queso.

Información nutricional por porción	
Porcentaje de lo recomendado en Estados Unidos	
Calorías...170	Proteína...8g
Carbohidratos...8g	Grasa...3g
Sodio...125mg	Potasio...480mg
Proteína...10%	Vitamina A...25%
Vitamina C...25%	Tiamina...15%
Riboflavina....15%	Niacina...15%
Calcio...10%	Hierro...10%
Fósforo...15%	

Jardín Primavera
Da 4 porciones

2 tazas de brócoli cortado en trocitos

1 taza de zanahorias cortadas en rodajas delgadas

1/4 taza de margarina

1 frasco de 8 onzas de salsa de queso

1 taza de champiñones cortados en rodajas finas

2 cucharadas de leche

2 cucharadas de perejil picado

8 onzas de fideos, cortados, cocidos y sin agua

Sofría el brócoli con la zanahoria en margarina, en un sartén grande, hasta que estos ingredientes estén tiernos. Mezcle la salsa de queso, los champiñones, la leche y el perejil. Caliente todo hasta que el queso esté derretido. Agregue los fideos revolviendo suavemente. Caliente todo revolviendo ocasionalmente. Sirva de inmediato.

Información nutricional por porción	
Porcentaje de lo recomendado en Estados Unidos	
Calorías...480	Proteína...18g
Carbohidratos...49g	Grasa...25g
Sodio...930mg	Potasio...560mg
Proteína...25%	Vitamina A...210%
Vitamina C...50%	Tiamina...35%
Riboflavina....35%	Niacina...20%
Calcio...40%	Hierro...15%
Fósforo...60%	

Rueda de Arroz con Verduras
Da 4 porciones

$^1/_4$ taza de perejil picado
2 tazas de arroz integral cocido y caliente
1 cucharada de mantequilla o margarina
1 pimiento rojo, cortado en tiras de 2 pulgadas
2 tallos de apio, en cubitos
$^1/_4$ taza de cebolla roja picada
1 $^1/_2$ taza de champiñones cortados en rodajas delgadas
    Salsa de limón

Mezcle el perejil con el arroz; llene el molde circular aceitado con el arroz, apretándolo. Invierta el molde sobre una fuente de servir; manténgalo caliente. Derrita la mantequilla en una sartén pequeña. Agregue el apio, el pimiento rojo, la cebolla y los champiñones; sofría todo durante 5 minutos a una temperatura medianamente alta, revolviendo a menudo, hasta que las verduras estén tiernas. Prepare la salsa de limón. Con una cuchara coloque la mezcla de verduras en el centro de la rueda de arroz. Derrame la salsa de limón sobre toda la superficie.

Salsa de Limón

4 onzas de queso Neufchatel
1 cucharada de yogurt sin sabor
1 cucharada de jugo de limón
$^1/_8$ cucharadita de polvo azafrán
2 cucharadas de leche descremada o caldo de verduras

Combine todos los ingredientes en una fuente pequeña. Cocine a temperatura baja, revolviendo ocasionalmente, hasta que la mezcla tenga la consistencia de una salsa blanca no espesa.

Información nutricional por porción
Porcentaje de lo recomendado en Estados Unidos

Calorías...160	Proteína...4g
Carbohidratos...30g	Grasa...4g
Sodio...45mg	Potasio...310mg
Proteína...6%	Vitamina A...50%
Vitamina C...100%	Tiamina...10%
Riboflavina....8%	Niacina...15%
Calcio...2%	Hierro...8%
Fósforo...10%	

Cacerola de Arroz Silvestre
Da 4 a 6 porciones

1 caja de 11 onzas de arroz silvestre
$^1/_2$ libra de champiñones, cortados en rodajas
1 cebolla grande, cortada en cubitos
1 cucharada de aceite vegetal
2 tazas de queso "jack" o cheddar
1 taza de aceitunas negras en pedazos

Cocine el arroz silvestre siguiendo las instrucciones de la caja, pero usando únicamente la mitad de un paquete de aderezos. Sofría los champiñones y la cebolla en aceite en una sartén pequeña hasta que estén tiernos. Caliente de antemano el horno a 350º F. Combine todos los ingredientes en una cacerola de 9 x 13 pulgadas. Hornee durante 15 minutos o hasta que todo esté completamente caliente.

Información nutricional por porción
Porcentaje de lo recomendado en Estados Unidos

Calorías...260	Proteína...12g
Carbohidratos...16g	Grasa...17g
Sodio...390mg	Potasio...240mg
Proteína...20%	Vitamina A ...6%
Vitamina C...4%	Tiamina...6%
Riboflavina....20%	Niacina...10%
Calcio...30%	Hierro...8%
Fósforo...20%	

Pilaf de Arroz Silvestre
Da 4 porciones

1   cucharada de mantequilla
2 a 3 dientes de ajo picado
1   taza de arroz silvestre
2   tazas de caldo de verduras
2   tazas de agua
¼   taza de cebolla amarilla o cebolla verde
¼   taza de champiñones cortados en cuadritos
¼   taza de apio cortado en cuadritos
2 a 3 cucharadas de perejil picado
2   cucharadas de pimiento picado, opcional
     Sal a gusto

Derrita la mantequilla en una sartén grande sobre fuego entre mediano y alto. Sofría el ajo con el arroz durante 3 minutos. Agregue el caldo y el agua y hágalo hervir. Reduzca el calor y cocine a fuego lento durante 45 minutos, cubierto. Agregue los ingredientes restantes. Siga cocinando hasta que todo esté bien caliente. Revuelva todo con un tenedor antes de servir.

Nota: La cebolla roja picada o el pimiento rojo picado y las zanahorias ralladas constituyen variaciones coloridas que pueden agregarse a este pilaf básico.

Información nutricional por porción	
Porcentaje de lo recomendado en Estados Unidos	
Calorías…180	Proteína…6g
Carbohidratos…32g	Grasa…3g
Sodio…40mg	Potasio…170mg
Proteína…8%	Vitamina A…6%
Vitamina C…10%	Tiamina…10%
Riboflavina….15%	Niacina…15%
Calcio…2%	Hierro…10%
Fósforo…15%	

Pilaf con Nueces de Pino
Da 4 porciones

1   cucharada de aceite de oliva o aceite vegetal
1   cebolla roja mediana, picada
2 a 3 dientes de ajo, picados
1 ¼ taza de arroz de grano largo
⅓   taza de nueces de pino o lascas de almendras
2 ¼ tazas de caldo de verduras
¼   taza de jugo de limón
1 a 2 cucharadas de menta fresca picada
     Ralladura de la cáscara de un limón

Caliente el aceite en una sartén mediana a fuego medianamente alto. Sofría la cebolla con el ajo hasta que estén suaves, durante 5 minutos. Agregue el arroz y las nueces; revuelva el arroz hasta que se dore. Agregue el caldo y el jugo de limón; hágalo hervir. Reduzca el calor; cubra y cocine a fuego lento hasta que el líquido se haya absorbido, de 20 a 25 minutos. Justo antes de servir agregue la menta y la ralladura de limón. Revuelva con un tenedor antes de servir.

Información nutricional por porción	
Porcentaje de lo recomendado en Estados Unidos	
Calorías…300	Proteína…7g
Carbohidratos…51g	Grasa…9g
Sodio…0mg	Potasio…180mg
Proteína…10%	Vitamina A…0%
Vitamina C…15%	Tiamina…25%
Riboflavina…0%	Niacina…10%
Calcio…2%	Hierro…15%
Fósforo…10%	

Pilaf de Arroz y Cebada
Da de 6 a 8 porciones

1 cebolla mediana, picada
1 taza de cebolla verde picada
$^1/_2$ taza de pimiento verde en cuadritos
$^1/_2$ libra de champiñones, en rodajas delgadas
4 cucharadas de aceite vegetal
1 cucharada de arroz integral
$^1/_2$ taza de cebada, bien lavada
$^1/_4$ taza de trigo partido
$^1/_4$ taza de gránulos de soya
$^1/_2$ taza de almendras picadas
4 tazas de caldo de verduras

Caliente el horno a 350° F. Sofría la cebolla, el pimiento y los champiñones en aceite en una sartén grande hasta que estén tiernos. Mientras revuelve, agregue el arroz, la cebada, el trigo, la soya y las almendras; dore suavemente los ingredientes. Coloque la mezcla en una cacerola de 9 x 13 pulgadas. Derrame el caldo sobre la mezcla; cubra bien. Hornee durante 1 hora, revolviendo ocasionalmente.

Información nutricional por porción	
Porcentaje de lo recomendado en Estados Unidos	
Calorías...360	Proteína...10g
Carbohidratos...51g	Grasa...14g
Sodio...5mg	Potasio...490mg
Proteína...15%	Vitamina A...0%
Vitamina C...25%	Tiamina...20%
Riboflavina....15%	Niacina...20%
Calcio...6%	Hierro...15%
Fósforo...25%	

Pilaf con Champiñones Adobados
Da 4 porciones

$^1/_2$ cucharada de mantequilla
$^1/_4$ taza de cebolla roja picada
1 taza de champiñones en rebanadas
1 diente de ajo picado
1 taza de arroz blanco
1 cucharada de jengibre fresco picado o $^1/_2$ cucharadita de jengibre en polvo
$^1/_2$ cucharadita de paprika
$^1/_8$ cucharadita de cúrcuma
2 tazas de agua

Derrita la mantequilla en una sartén grande. Sofría la cebolla, los champiñones y el ajo hasta que estén suaves, durante 3 a 5 minutos. Agregue los ingredientes restantes. Haga hervir todo. Reduzca el calor; cubra y cocine a fuego lento hasta que el agua se haya absorbido, alrededor de 20 minutos. Revuelva con un tenedor antes de servir.

Información nutricional por porción	
Porcentaje de lo recomendado en Estados Unidos	
Calorías...190	Proteína...4g
Carbohidratos...39g	Grasa...2g
Sodio...20mg	Potasio...140mg
Proteína...6%	Vitamina A...4%
Vitamina C...2%	Tiamina...15%
Riboflavina....4%	Niacina...10%
Calcio...0%	Hierro...10%
Fósforo...6%	

Berenjena Rellena
Da 4 porciones

4　berenjenas medianas
　　Sal
2　cebollas medianas, cortadas en cubitos
2　dientes de ajo, picados o molidos
3　cucharadas de aceite vegetal
1　cucharadita de paprika
2　cucharadas de perejil picado
3　tomates maduros, pelados, sin semilla y picados
1　taza de arroz integral cocido
　　Margarina
　　Queso parmesano recién rallado

Corte longitudinalmente las berenjenas en mitades iguales; espolvoréelas con sal. Póngalas aparte durante 30 minutos. Enjuáguelas bien. Quítele la pulpa; pique la pulpa. Caliente el horno a 350º F. Sofría la cebolla y el ajo en aceite en una sartén grande hasta que estén suaves. Agregue la paprika, el perejil, los tomates y la pulpa de la berenjena. Caliente todo hasta que la mezcla esté suave; agregue el arroz integral, revolviendo. Rellene las berenjenas con la mezcla. Colóquelas en una fuente de 9 x 13 pulgadas. Coloque trocitos de margarina sobre la berenjena. Hornee durante 30 a 40 minutos. Espolvoree con queso parmesano durante los últimos 10 minutos de cocimiento.

Información nutricional por porción
Porcentaje de lo recomendado en Estados Unidos

Calorías…230	Proteína…4g
Carbohidratos…26g	Grasa…13g
Sodio…65mg	Potasio…500mg
Proteína…6%	Vitamina A…25%
Vitamina C…25%	Tiamina…15%
Riboflavina….4%	Niacina…8%
Calcio…8%	Hierro…8%
Fósforo…10%	

Quiche de Verduras, sin Corteza
Da 4 porciones

1　zucchini pequeño, cortado en trozos de $^1/_2$ pulgada
$^1/_4$　libra de champiñones, en rebanadas
4　cucharaditas de mantequilla o margarina
1　taza de queso suizo rallado
4　huevos bien batidos
1 $^3/_4$　taza de leche descremada
2　cucharaditas de gránulos secos naturales con sabor a mantequilla
$^1/_2$　cucharadita de sal

Sofría el zucchini con los champiñones en mantequilla en una sartén mediana hasta que estén tiernos. Coloque las verduras y el queso en un molde enmantequillado de 9 pulgadas. Combine los huevos, la leche, los gránulos naturales con sabor a mantequilla y la sal en un bol de tamaño mediano; derrame esta mezcla sobre las verduras. Caliente el horno a 325º F. Coloque el molde con todos los ingredientes dentro de una fuente grande para hornear; coloque agua caliente dentro de la fuente para hornear hasta que alcance una media pulgada. Hornee durante 1 hora o hasta que el cuchillo que se inserte en el centro salga limpio.

Información nutricional por porción
Porcentaje de lo recomendado en Estados Unidos

Calorías…270	Proteína…19g
Carbohidratos…9g	Grasa…17g
Sodio…640mg	Potasio…440mg
Proteína…30%	Vitamina A…20%
Vitamina C…5%	Tiamina…8%
Riboflavina….30%	Niacina…6%
Calcio…45%	Hierro…8%
Fósforo…40%	

Berenjenas rellenas.

Guiso de Esaú
Da 8 porciones

1   taza de cebada cruda, bien lavada
1   taza de lentejas crudas
1   cebolla grande, cortada en cubitos
¹/₂ taza de apio cortado en cubitos
1   diente de ajo, picado
1   cucharadita de sal
1   cucharada de salsa de soya
6   tazas de agua

Combine los ingredientes en una cacerola grande; cubra y haga hervir. Reduzca el calor; cocine a fuego lento hasta que la mezcla esté firme y la mayor parte del líquido se haya absorbido.

Información nutricional por porción	
Porcentaje de lo recomendado en Estados Unidos	
Calorías…120	Proteína…23g
Carbohidratos…27g	Grasa…0g
Sodio…410mg	Potasio…180mg
Proteína…6%	Vitamina A…0%
Vitamina C…6%	Tiamina…6%
Riboflavina….2%	Niacina…6%
Calcio…2%	Hierro…8%
Fósforo…10%	

Asado de Lentejas
Da 4 porciones

2   tazas de lentejas cocidas y majadas
¹/₂ taza de cebolla en cubitos
2   huevos, a medio batir
¹/₄ taza de aceite vegetal
1   lata de 13 onzas de leche evaporada
1 ¹/₂ taza de hojuelas de maíz trituradas
1   cucharadita de sal
¹/₂ taza de nueces picadas

Caliente el horno a 375º F. Sofría la cebolla en 1 cucharada de aceite, en una sartén pequeña. Combine con los demás ingredientes en una fuente grande; coloque todos los ingredientes en un molde de 9 x 5 pulgadas. Hornee durante 50 minutos.

Información nutricional por porción	
Porcentaje de lo recomendado en Estados Unidos	
Calorías…630	Proteína…23g
Carbohidratos…61g	Grasa…33g
Sodio…1080mg	Potasio…720mg
Proteína…35%	Vitamina A…35%
Vitamina C…25%	Tiamina…40%
Riboflavina….60%	Niacina…35%
Calcio…30%	Hierro…30%
Fósforo…45%	

Cuscús Colorido
Da 4 porciones

3   tazas de caldo de verduras
2   tazas de cuscús (couscous)*
¹/₂ taza de champiñones cortados en tajadas delgadas
¹/₄ taza de nueces de pino o de almendras tostadas en lascas
¹/₄ taza de perejil picado
¹/₄ taza de cebolla roja picada

Haga hervir el caldo en una olla mediana. Agregue los ingredientes restantes, revolviendo. Inmediatamente quite la olla del fuego. Cúbrala y deje reposar durante 5 minutos o hasta que el líquido se haya absorbido. Revuelva con un tenedor antes de servir.

Información nutricional por porción	
Porcentaje de lo recomendado en Estados Unidos	
Calorías…270	Proteína…10g
Carbohidratos…43g	Grasa…4g
Sodio…0mg	Potasio…115mg
Proteína…15%	Vitamina A…4%
Vitamina C…8%	Tiamina…10%
Riboflavina….4%	Niacina…8%
Calcio…2%	Hierro…10%
Fósforo…4%	

* Alimento de origen africano consistente de trigo integral molido y cocido.

Tortitas de Lentejas
Da 4 porciones

1 taza de lentejas cocidas majadas
1 huevo, bien batido
$^1/_4$ taza de cebolla en cubitos
$^1/_8$ cucharadita de polvo de ajo
$^1/_2$ taza de relleno sazonado
$^1/_2$ taza de harina de galletas secas
  Sal a gusto
  Salsa de tomates

Combine todos los ingredientes excepto la salsa de tomate en un bol grande. Forme las tortitas. Fría las tortitas en aceite caliente hasta que estén doradas; quite el exceso de aceite y coloque en una cacerola para hornear de 9 x 13 pulgadas. Caliente el horno a 350º F. Prepare la salsa de tomates y derrámela sobre las tortitas. Hornee durante 15 minutos o hasta que todo esté bien caliente

Salsa de Tomates

1 cucharada de maicena (cornstarch)
1 cucharada de aceite vegetal
1 lata de 16 onzas de tomates estofados

Combine la maicena con el aceite en una olla pequeña y caliéntelos a fuego lento; agregue los tomates, hágalos hervir y quítelos del fuego.

Información nutricional por porción
Porcentaje de lo recomendado en Estados Unidos

Calorías…250	Proteína…10g
Carbohidratos…38g	Grasa…7g
Sodio…560mg	Potasio…450mg
Proteína…15%	Vitamina A…15%
Vitamina C…20%	Tiamina…10%
Riboflavina….10%	Niacina…10%
Calcio…8%	Hierro…15%
Fósforo…15%	

Garbanzos con Aderezo
Da 6 porciones

1 $^1/_2$ libra de garbanzos secos, remojados durante toda la noche y colados
1 cebolla mediana, mechada con 4 clavos de olor
1 zanahoria mediana, rallada
2 dientes de ajo, picados
  Ramo de sabor (1 hoja de laurel, $^1/_2$ cucharadita de tomillo picado y cuatro ramitos de perejil, todo envuelto en una trocito de tela basta)
  Jugo de un limón
$^1/_4$ taza de perejil picado

Coloque los 5 ingredientes en una cacerola grande con suficiente agua para cubrirlos todos. Haga hervir. Reduzca el calor y cocine a fuego lento hasta que los garbanzos estén tiernos, alrededor de 1 hora. Quite la cebolla y el ramo de sabor. Cuele los garbanzos. Aderécelos con perejil y el jugo de limón. Mezcle todo bien.

Información nutricional por porción
Porcentaje de lo recomendado en Estados Unidos

Calorías…420	Proteína…24g
Carbohidratos…72g	Grasa…5g
Sodio…35mg	Potasio…970mg
Proteína…35%	Vitamina A…70%
Vitamina C…10%	Tiamina…25%
Riboflavina….10%	Niacina…10%
Calcio…20%	Hierro…45%
Fósforo…40%	

Pizza de Verduras
Da 6 porciones

Masa para pizza
- 1/2 libra de champiñones, en rodajas delgadas
- 1 diente de ajo, picado
- 2 cucharadas de mantequilla
- 1 lata de salsa de tomate, de 8 onzas
- 2 cucharadas de queso parmesano rallado
- 1 1/2 cucharadita de orégano
- 1/4 cucharadita de sal
- 1 taza de zucchini en rodajas delgadas
- 1 lata de 14 onzas de alcachofas en conserva, sin agua y cortadas en cuatro
- 1 cebolla grande, en rebanadas, separadas
- 1/2 taza de pimiento verde en cubitos
- 4 tazas de queso mozzarella rallado en tiras

Engrase un molde para pizza de 12 x 2 pulgadas. Coloque la masa dentro del molde y hágala cubrir hasta la mitad de los lados. Cubra con una toalla; deje que la masa suba durante 20 a 30 minutos o hasta que su volumen se duplique. Sofría los champiñones y el ajo en la mantequilla en una sartén mediana hasta que los ingredientes estén tiernos. Agregue los siguientes 4 ingredientes, revolviendo. Haga hervir todo; cocine durante 3 minutos. Caliente el horno a 425º F. Descubra la masa; con una cuchara derrame la salsa sobre la masa. Coloque el zucchini, las alcachofas, los anillos de cebolla y los pimientos sobre la salsa. Hornee durante 7 minutos. Espolvoree con el queso; hornee de 3 a 5 minutos más. Enfríe durante 2 ó 3 minutos antes de servir.

Masa para Pizza

- 1 paquete de levadura activa
- 1 taza de agua caliente (105º a 115º F)
- 1 cucharadita de azúcar
- 1/2 cucharadita de sal
- 3 cucharadas de aceite vegetal
- 2 1/2 tazas de harina blanca

En un bol grande espolvoree la levadura sobre el agua caliente. Agregue los ingredientes restantes, revolviendo; bata la mezcla con una cuchara de madera o amase con la mano durante 1 minuto. Coloque la masa a un lado durante 10 minutos.

Información nutricional por porción	
Porcentaje de lo recomendado en Estados Unidos	
Calorías…640	Proteína…28g
Carbohidratos…53g	Grasa…24g
Sodio…950mg	Potasio…530mg
Proteína…45%	Vitamina A…25%
Vitamina C…353%	Tiamina…35%
Riboflavina….45%	Niacina…30%
Calcio…50%	Hierro…20%
Fósforo…50%	

Repollo con Tallarines
Da 6 porciones

- 4 tazas de repollo picado
- 1 cebolla pequeña, en rebanadas separadas
- 3 cucharadas de mantequilla o margarina
- 1/2 cucharadita de semillas de amapola
- 1/2 cucharadita de sal
- 2 tazas de tallarines regulares cocidos

Combine todos los ingredientes, excepto los tallarines, en una cacerola para microondas de 2 litros. Cubra la cacerola y hornee en microondas a temperatura alta durante 5 o 6 minutos o hasta que el repollo esté tierno, revolviendo cada 3 minutos. Agregue los tallarines y mézclelos bien con el repollo. Hornee de 3 a 4 minutos más o hasta que todo esté bien caliente.

Información nutricional por porción	
Porcentaje de lo recomendado en Estados Unidos	
Calorías…130	Proteína…3g
Carbohidratos…16g	Grasa…7g
Sodio…250mg	Potasio…150mg
Proteína…4%	Vitamina A…6%
Vitamina C…25%	Tiamina…6%
Riboflavina….2%	Niacina…4%
Calcio…2%	Hierro…4%
Fósforo…4%	

Tortitas de Champiñones y Avena
Da 6 porciones

1 cebolla, cortada en cubitos
$^1/_2$ libra de champiñones, cortados en tajadas delgadas
5 cucharadas de aceite vegetal, divididas
2 $^1/_4$ tazas de avena de cocimiento rápido
3 claras de huevo o 2 huevos enteros
$^1/_2$ taza de caldo de verduras
$^1/_2$ taza de leche evaporada
1 cucharadita de sal de hierbas
$^1/_2$ cucharada de paprika, $^1/_2$ de tomillo y $^1/_2$ de salvia
$^1/_4$ taza de perejil picado
1 lata de 10? onzas de sopa de champiñones o sopa de apio
$^1/_2$ taza de agua

Sofría la cebolla y los champiñones en dos cucharadas de aceite en una sartén grande. Combine el resto de los ingredientes excepto la sopa y el agua. Mezcle bien; deje reposar durante 30 minutos. Forme las tortitas. Fríalas en el resto del aceite hasta que estén doradas. Caliente el horno a 350º F. Combine la sopa y el agua en un bol pequeño. Coloque las tortitas en una cacerola de 9 x 13 pulgadas; derrame la sopa sobre las tortitas. Cocine durante 30 minutos.

Información nutricional por porción	
Porcentaje de lo recomendado en Estados Unidos	
Calorías…310	Proteína…9g
Carbohidratos…29g	Grasa…18g
Sodio…750mg	Potasio…400mg
Proteína…15%	Vitamina A…6%
Vitamina C…8%	Tiamina…20%
Riboflavina….20%	Niacina…10%
Calcio…6%	Hierro…10%
Fósforo…25%	

Guiso de Lentejas
Da 8 porciones

1 taza de lentejas cocidas
1 taza de arroz integral cocido
1 taza de nueces de pacana (pecan) picadas o nueces de nogal
1 taza de miga de pan sazonado
$^1/_2$ taza de mijo cocido
$^1/_2$ taza de agua hirviendo
$^3/_4$ taza de cebolla en cubitos
1 cucharadita de tomillo
1 cucharadita de salvia
1 cucharada de jugo de limón
2 cucharadas de harina integral
   Sal a gusto

Caliente el horno a 350º F. Combine todos los ingredientes en un bol grande, mezclándolos bien. Engrase una fuente de hornear de 9 x 13 pulgadas con grasa vegetal. Coloque la mezcla en dicha fuente. Hornee de 45 a 60 minutos.

Información nutricional por porción	
Porcentaje de lo recomendado en Estados Unidos	
Calorías…250	Proteína…6g
Carbohidratos…30g	Grasa…12g
Sodio…180mg	Potasio…210mg
Proteína…10%	Vitamina A…0%
Vitamina C…2%	Tiamina…15%
Riboflavina….4%	Niacina…4%
Calcio…2%	Hierro…10%
Fósforo…10%	

Enchiladas de Queso
Da 4 porciones

³/₄ taza de queso ranchero molido
1   lata de 7 onzas de chile verde cortado en tiras, sin agua
1   lata de 11 onzas de salsa para enchiladas
¹/₃ taza de cebolla roja o amarilla cortada en cubitos
¹/₂ taza de yogurt sin sabor
4   onzas de queso Neufchatel, ablandado
1 ¹/₂ taza de requesón descremado
¹/₄ taza de salsa picante
8   tortillas de maíz
¹/₄ taza de salsa picante o mediana

Separe la tercera parte del queso ranchero y de los chiles verdes para adorno. Cubra el fondo de una fuente para hornear de 12 x 7 pulgadas con la mitad de la salsa para enchiladas. En una licuadora o procesadora de alimentos, combine ²/₃ del queso ranchero y los chiles, la cebolla, el yogurt, el queso Neufchatel, el requesón y la salsa picante; mezcle bien. Humedezca una tortilla con agua y caliéntela de ambos lados en una sartén sin grasa hasta que la tortilla se ponga suave y manejable. Coloque 2 a 3 cucharadas de la mezcla de queso en la tortilla; enróllala y colóquela en la fuente para hornear, de modo que no se desenrolle. Haga lo mismo con todas las tortillas restantes. Cubra con el resto de la salsa para enchiladas y ¹/₄ taza de salsa. Desparrame sobre las enchiladas el resto de la mezcla de queso, el queso ranchero que había reservado para adorno y los chiles. Cubra y hornee a 450° F durante 15 minutos o a 350° F durante 30 minutos.

Información nutricional por porción	
Porcentaje de lo recomendado en Estados Unidos	
Calorías…450	Proteína…26g
Carbohidratos…55g	Grasa…14g
Sodio…1270mg	Potasio…700mg
Proteína…40%	Vitamina A…30%
Vitamina C…110%	Tiamina…15%
Riboflavina….25%	Niacina…8%
Calcio…30%	Hierro…10%
Fósforo…70%	

Pastel de Tofu
Da 6 porciones

1   libra de tofu en bloque, picado y sin agua
1   zanahoria grande, rallada
1   taza de cebolla picada
3   cucharadas de salsa de soya
1   lata de 6 onzas de castañas de agua cortadas en rodajas
1   taza de almendras en lascas
1   taza de apio picado
1   lata de 10 ? onzas de sopa de champiñones
1   taza de migas de pan
1   cucharadita de sal
3 a 4 cucharadas de leche
2   huevos, un poco batidos

Caliente el horno a 350° F. Combine todos los ingredientes en un bol grande; mezcle bien. Coloque la mezcla, apretando, en una fuente de hornear de 9 x 13 pulgadas. Hornee durante 30 minutos.

Información nutricional por porción	
Porcentaje de lo recomendado en Estados Unidos	
Calorías…280	Proteína…14g
Carbohidratos…21g	Grasa…18g
Sodio…1370mg	Potasio…420mg
Proteína…20%	Vitamina A…70%
Vitamina C…6%	Tiamina…10%
Riboflavina….15%	Niacina…8%
Calcio…20%	Hierro…20%
Fósforo…30%	

Tortilla de Huevos Clásica
Da 1 porción

3   huevos (omita una yema para bajar el colesterol, si lo desea)
1   cucharada de agua
1   cucharada de mantequilla
1   cucharadita de perejil picado
1   cucharadita de albahaca
1   cucharadita de cebollino picado

Caliente una sartén para omelette de 7 a 8 pulgadas, sobre fuego mediano alto. Bata los huevos con el agua con un tenedor hasta que estén bien mezclados, pero que no hagan espuma. Agregue la mantequilla a la sartén. Cuando la mantequilla esté humeante, agregue el huevo batido. Revuelva lentamente con un tenedor 3 veces, en sentido contrario a las manecillas del reloj. Con un tenedor, coloque la parte cocida de la orilla hacia el centro, inclinando la sartén si es necesario, de modo que la mezcla no cocida se ponga en contacto con la superficie caliente de la sartén. Mientras la parte superior se mantiene húmeda y cremosa, agregue el relleno y las hierbas del aderezo. Con una espátula, doble la tortilla por la mitad. Sacuda la sartén suavemente para que la tortilla se suelte. Transfiéralo a un plato caliente.

Información nutricional por porción
Porcentaje de lo recomendado en Estados Unidos

Calorías…340	Proteína…19g
Carbohidratos…3g	Grasa…28g
Sodio…330mg	Potasio…260mg
Proteína…30%	Vitamina A…30%
Vitamina C…4%	Tiamina…8%
Riboflavina…25%	Niacina…0%
Calcio…10%	Hierro…20%
Fósforo…30%	

Variación: Rellene cada tortilla con 3 ó 4 cucharadas de verduras orientales sofritas, tales como las arvejitas chinas, brotes de frijoles y castañas de agua.

Cacerola de Cebada con Champiñones
Da 6 porciones

2   cebollas rojas medianas, picadas finamente
4   tazas de agua
3   dientes de ajo, picados
1   pimiento verde o rojo, cortado en cubitos
1   zanahoria mediana, en cubitos
1   tallo de apio, cortado en cubitos
1   libra de champiñones en rebanadas finas
1   cucharada de albahaca fresca picada o 1 ½ cucharadita de albahaca seca
1   taza de cebada bien lavada
1 ½   taza de caldo de verduras
3   cucharadas de perejil picado

Caliente el horno a 325º F. Combine la cebolla con el agua en una olla de buen tamaño. Cocine sobre calor mediano hasta que la cebolla esté tierna. Agregue el ajo, el pimiento verde, la zanahoria, el apio, los champiñones y la albahaca; cocine a fuego lento durante 5 minutos. Mientras revuelve, agregue la cebada y el caldo. Hágalo hervir. Revuelva y quite del fuego. Cubra y hornee durante 45 minutos. Espolvoree con perejil y sirva.

Información nutricional por porción
Porcentaje de lo recomendado en Estados Unidos

Calorías…160	Proteína…5g
Carbohidratos…35g	Grasa…1g
Sodio…15mg	Potasio…510mg
Proteína…8%	Vitamina A…70%
Vitamina C…50%	Tiamina…10%
Riboflavina…20%	Niacina…20%
Calcio…2%	Hierro…10%
Fósforo…15%	

Tortilla clásica, variación oriental.

Castañas Asadas con Repollitos de Bruselas
Da 6 porciones

$^1/_4$ libra de champiñones en rodajas finas
1 cucharada de agua
2 cucharadas de pasta de tomate
1 cucharada de maizena
1 ramo de sabor ($^1/_2$ hoja de laurel, 4 puntas de perejil, $^1/_4$ cucharadita de tomillo, todo atado en un trocito de tela basta)
2 cucharadas de agua fría
2 tazas de caldo de verduras
1 libra de castañas peladas
1 libra de repollitos de bruselas, sin las hojas exteriores
1 cucharada de jugo de limón
3 cucharadas de agua
$^1/_4$ cucharadita de nuez moscada

Caliente el horno a 325º F. Coloque los champiñones y el agua en una fuente grande para hornear. Cubra; cocine los champiñones hasta que estén tiernos. Agregue la pasta de tomate. Disuelva la maizena en dos cucharadas de agua fría. Mezcle la maizena disuelta con el caldo. Agregue esta mezcla, con el ramo de sabor y las castañas a los champiñones. Vuelque toda la mezcla en una cacerola y colóquela en el horno. Hornee durante 45 minutos sin cubrir. Mientras las castañas se cocinan, limpie los repollitos y hágales un corte en cruz para apresurar el cocimiento y eliminar los olores. Llene una olla con suficiente agua como para cubrir los repollitos. Hágala hervir; agregue los repollitos. Cocine durante 5 a 10 minutos, pero que no se pongan blandos. Cuele los repollitos y colóquelos en una sartén. Agrégueles el jugo de limón y 3 cucharadas de agua. Continúe cociéndolos durante 5 minutos, hasta que se pongan tiernos. Saque las castañas del horno. Coloque de lado la bolsita con aderezo. Agregue los repollitos a las castañas. Espolvoree con nuez moscada.

Información nutricional por porción
Porcentaje de lo recomendado en Estados Unidos

Calorías...170	Proteína...5g
Carbohidratos...36g	Grasa...1g
Sodio...65mg	Potasio...660mg
Proteína...8%	Vitamina A...20%
Vitamina C...100%	Tiamina...15%
Riboflavina....15%	Niacina...10%
Calcio...4%	Hierro...10%
Fósforo...10%	

Calabaza Spaghetti
Da 6 porciones

1 calabaza spaghetti mediana (2 $^1/_2$ libras)
2 cucharadas de mantequilla
Sal a gusto

Pinche la calabaza en varios lugares con un tenedor. Colóquela en una olla grande y cúbrala con agua fría. Hágala hervir; cocínela durante 30 minutos o hasta que se ponga tierna. Corte la calabaza por la mitad, a lo largo; quítele el agua. Raspe la calabaza con una cuchara fuerte de metal, y coloque sus fibras semejantes a fideos en un bol. Agrégueles mantequilla y sal; revuelva ligeramente y sirva.
Variación: También se le puede agregar salsa vegetariana para spaghetti (p. 51)

Información nutricional por porción
Porcentaje de lo recomendado en Estados Unidos

Calorías...60	Proteína...1g
Carbohidratos...5g	Grasa...4g
Sodio...40mg	Potasio...290mg
Proteína...2%	Vitamina A...15%
Vitamina C...15%	Tiamina...80%
Riboflavina....70%	Niacina...0%
Calcio...0%	Hierro...2%
Fósforo...0%	

Empanadas de Champiñones con Queso Crema
Da 12 empanadas

8   onzas de queso Neufchatel o queso crema, ablandado

$^1/_2$ taza de mantequilla, ablandada

1 $^1/_2$ taza de harina blanca

1   cucharada de mantequilla

1   cebolla roja, picada fina

2   chalotes, picados

$^1/_2$ libra de champiñones o espinaca, picados en trocitos pequeños

$^1/_4$ cucharadita de albahaca

$^1/_4$ cucharadita de tomillo

$^1/_4$ cucharadita de sal

2   cucharadas de harina blanca

$^1/_2$ taza de crema agria

Coloque el queso crema y la mantequilla en un bol. Agregue 1 $^1/_2$ taza de harina y mezcle todo con los dedos hasta que esté suave. Coloque la masa en el congelador durante 10 minutos. Sobre una superficie enharinada extienda bien la masa hasta que quede de $^1/_8$ pulgada de espesor; córtela en 12 redondeles de unos 10 cm. para hacer las empanadas. Para preparar el relleno, derrita una cucharada de mantequilla en un sartén grande. Sofría la cebolla y los chalotes hasta que estén dorados. Agregue los champiñones y continúe la cocción, revolviendo continuamente, hasta que el líquido se haya evaporado. Agregue la albahaca, el tomillo, la sal y las 2 cucharadas de harina; revuelva bien. Agregue la crema agria, revuelva y cocine sobre fuego mediano hasta que se espese. Caliente el horno a 450° F. Coloque una cucharadita de relleno en cada redondel de masa y doble por la mitad. Haga un borde en la masa con un tenedor; pinche la parte superior de cada empanada. Hornee durante 15 minutos en un molde sin engrasar, o hasta que las empanadas estén doradas. Sírvalas calientes.

Información nutricional por porción
Porcentaje de lo recomendado en Estados Unidos

Calorías...220	Proteína...5g
Carbohidratos...15g	Grasa...15g
Sodio...220mg	Potasio...140mg
Proteína...6%	Vitamina A...10%
Vitamina C...2%	Tiamina...8%
Riboflavina....10%	Niacina...8%
Calcio...2%	Hierro...6%
Fósforo...6%	

Salsa de Verduras para Spaghetti
Da 4 porciones

1   litro de jugo de tomates

2   tazas de agua

1   taza de zucchini rallado

$^1/_4$ libra de champiñones cortados en tajaditas

1   pimiento verde, cortado en cubitos

1   diente de ajo, picado o molido

4   cucharaditas de cebolla seca

2   cubos de consomé de verduras

1   cucharadita de orégano

1   cucharadita de mejorana

1   cucharadita de albahaca
     Sal a gusto

Combine todos los ingredientes en una cacerola grande; cocine a fuego lento durante 1 $^1/_2$ hora.

Información nutricional por porción
Porcentaje de lo recomendado en Estados Unidos

Calorías...70	Proteína...3g
Carbohidratos...17g	Grasa...1g
Sodio...880mg	Potasio...830mg
Proteína...4%	Vitamina A...35%
Vitamina C...170%	Tiamina...10%
Riboflavina....15%	Niacina...15%
Calcio...4%	Hierro...15%
Fósforo...10%	

Cacerola Mexicali
Da 8 porciones

2 paquetes de 14 $^1/_2$ onzas de tofu

1 lata de 28 onzas de salsa roja de chile sin sal

2 cucharadas de polvo de chile

2 latas de 8 onzas de salsa de tomate, baja en calorías

2 cucharadas de harina blanca

1 a 2 dientes de ajo, picados o molidos

18 tortillas de maíz

1 taza de queso cheddar rallado

1 taza de queso ranchero rallado

1 taza de pimientos verdes cortados en cubitos

1 taza de cebollas verdes picadas

$^1/_4$ taza de aceitunas maduras cortadas en rodajas

Información nutricional por porción	
Porcentaje de lo recomendado en Estados Unidos	
Calorías...430	Proteína...21g
Carbohidratos...59g	Grasa...14g
Sodio...220mg	Potasio...1040mg
Proteína...35%	Vitamina A...60%
Vitamina C...90%	Tiamina...20%
Riboflavina....15%	Niacina...15%
Calcio...35%	Hierro...40%
Fósforo...50%	

Quite el agua del tofu y colóquelo en el congelador durante 48 horas. Descongélelo y envuélvalo en una tela de tejido basto, apretándolo para escurrir el líquido; desmenúcelo. Combine la salsa roja de chile, el polvo de chile y la salsa de tomate en una fuente grande. Mézclele la harina. Agregue el tofu desmenuzado y el ajo. Cocine sobre fuego mediano, revolviendo ocasionalmente hasta que todo esté bien caliente. Caliente el horno a 350° F. Agregue 6 tortillas sobre el fondo de una fuente para hornear de 9 x 13 pulgadas. Desparrame $^1/_3$ de la salsa sobre ellas. Espolvoree encima $^1/_3$ del queso, el pimiento verde y la cebolla. Repita el procedimiento con las tortillas restantes, la salsa y los demás ingredientes. Desparrame las aceitunas cortadas sobre la última capa. Hornee durante 45 minutos o hasta que se formen burbujas.

Cacerola Mexicali.

Guisado de Marañón (Cashew)
Da 4 porciones

$^1/_3$ taza de margarina

6 cucharadas de harina integral

1 cucharadita de sal marina

1 $^1/_2$ taza de caldo de verduras

1 taza de leche

1 taza de champiñones picados

1 cucharada de cebolla picada

2 cucharadas de aceite vegetal

1 taza de nueces de marañón (cashew, anacardio, cajuil, o nuez de cajú)

$^1/_2$ taza de aceitunas negras cortadas

Derrita la mantequilla en una olla de buen tamaño y mézclele la harina y la sal. Agregue el caldo de verduras y la leche. Hágalo hervir, revolviendo constantemente. Sofría los champiñones y la cebolla en aceite en una sartén pequeña, hasta que estén tiernos. Vacíelos en la mezcla de leche. Agregue las nueces de marañón y las aceitunas; cocine a fuego lento durante 20 minutos, revolviendo ocasionalmente.

Información nutricional por porción	
Porcentaje de lo recomendado en Estados Unidos	
Calorías...490	Proteína...10g
Carbohidratos...24g	Grasa...42g
Sodio...890mg	Potasio...420mg
Proteína...15%	Vitamina A...15%
Vitamina C...2%	Tiamina...10%
Riboflavina....15%	Niacina...8%
Calcio...10%	Hierro...15%
Fósforo...30%	

Albóndigas de Queso en Salsa de Tomate

Da de 4 a 6 porciones

1   taza de miga de galletas de agua
¹/₂ taza de queso cheddar rallado
¹/₂ taza de harina de nuez de pecán
6   huevos, bien batidos
¹/₂ taza de cebolla picada
¹/₂ diente de ajo, picado
¹/₄ cucharadita de sal
2 a 4 gotas de líquido con sabor a ahumado
    Queso cheddar rallado
1   lata de 8 onzas de salsa de tomates
1   lata de 10 ¹/₂ onzas de sopa de tomates
1   taza de agua
1   cucharadita de gránulos de consomé de verduras

Combine los primeros 8 ingredientes en un bol. Forme las albóndigas; fríalas en una sartén ligeramente engrasada hasta que se doren. Colóquelas en una fuente para hornear; espolvoréelas con el queso extra. Combine los demás ingredientes en un bol chico. Derrame la mezcla sobre las albóndigas de queso. Deje enfriar durante la noche. Caliente el horno a 350º F. Hornee durante 30 minutos.

Información nutricional por porción	
Porcentaje de lo recomendado en Estados Unidos	
Calorías…430	Proteína…19g
Carbohidratos…34g	Grasa…26g
Sodio…1460mg	Potasio…580mg
Proteína…30%	Vitamina A…30%
Vitamina C…60%	Tiamina…25%
Riboflavina….25%	Niacina…10%
Calcio…25%	Hierro…25%
Fósforo…35%	

Berenjena Parmesana

Da 4 porciones

¹/₂ taza de cebolla cortada en cubitos
1   cucharada de mantequilla o margarina
1   lata de 15 onzas de salsa de tomates
2   cucharaditas de azúcar oscura
¹/₂ cucharadita de orégano
1   huevo, ligeramente batido
1   cucharada de leche
6 a 8 rodajas de berenjena de ? pulgada de grueso, sin pelar
¹/₂ taza de miga fina de pan
1   taza de queso mozzarela rallado, dividida
¹/₄ taza de queso parmesano recién rallado

Coloque la cebolla y la mantequilla en una fuente para microondas, de 1 ¹/₂ litro. Cubra y hornee en microondas a temperatura alta durante 2 a 3 minutos o hasta que la cebolla esté tierna. Agregue la salsa de tomate, el azúcar y el orégano. Cubra y siga cocinando durante 3 minutos a temperatura alta. Revuelva; reduzca el calor a intermedio. Siga cocinando de 5 a 7 minutos, revolviendo después de 3 minutos. Coloque la salsa a un lado. Combine el huevo con la leche; coloque las tajadas de berenjena en la mezcla y luego revuélquelas en la miga de pan. Arregle las rebanadas en una fuente para microondas de 12 x 7 pulgadas, cubra la fuente con papel encerado; hornee en microondas a temperatura alta durante 11 a 15 minutos, o hasta que las berenjenas estén tiernas, cuidando de dar vuelta las rebanadas a los 8 minutos. Espolvoree con ³/₄ partes del queso mozzarela. Con una cuchara derrame la salsa sobre el queso. Espolvoree sobre la salsa el resto del queso mozzarela y el parmesano. Siga cocinando a temperatura alta durante 1 ó 2 minutos, o hasta que el queso esté derretido.

Información nutricional por porción	
Porcentaje de lo recomendado en Estados Unidos	
Calorías…260	Proteína…15g
Carbohidratos…25g	Grasa…12g
Sodio…1030mg	Potasio…620mg
Proteína…25%	Vitamina A…30%
Vitamina C…20%	Tiamina…10%
Riboflavina….15%	Niacina…10%
Calcio…35%	Hierro…10%
Fósforo…30%	

Revoltijo de Lechuga y Verduras
Da 4 porciones

1 cucharadita de aceite vegetal
1 zanahoria mediana, cortada en cubitos
4 champiñones grandes, cortados en cubitos
4 a 6 cebollas verdes, en tajaditas finas
1 ¹/₂ taza de arvejitas tiernas desgranadas o un paquete de 10 onzas de arvejitas congeladas
2 tazas apretadas de lechuga cortada finamente
¹/₄ taza de caldo de verduras
1 a 2 cucharaditas de jugo de limón
   Nuez moscada

Caliente el aceite en un sartén grande. Agregue la zanahoria; cubra y cocine a temperatura mediana durante 3 minutos. Agregue los champiñones y la cebolla. Cubra y cocine durante 3 minutos más. Agregue las arvejitas, la lechuga, el caldo de verdura y el jugo de limón. Cocine, sin tapa, hasta que la lechuga esté cocida, revolviendo ocasionalmente. Espolvoree con nuez moscada y sirva.

Información nutricional por porción	
Porcentaje de lo recomendado en Estados Unidos	
Calorías…70	Proteína…3g
Carbohidratos…11g	Grasa…2g
Sodio…20mg	Potasio…430mg
Proteína…4%	Vitamina A…170%
Vitamina C…50%	Tiamina…10%
Riboflavina….10%	Niacina…10%
Calcio…4%	Hierro…10%
Fósforo…15%	

Asado de Champiñones
Da 4 porciones

1 taza de cebolla cortada en cubitos
1 taza de apio cortado en cubitos
¹/₂ taza de aceite vegetal, dividido
2 latas de 4 onzas de champiñones picados, sin líquido
4 huevos batidos con el líquido de los champiñones
3 cucharadas de gránulos de consomé instantáneo de verduras
1 ¹/₂ taza de avena de cocimiento rápido
¹/₂ cucharada de sazón para pollo
¹/₂ cucharadita MSG
¹/₂ cucharadita de levadura de cerveza, opcional
   Salsa

Sofría la cebolla y el apio en dos cucharadas de aceite en una sartén pequeña. Combine los ingredientes restantes excepto la salsa en un bol grande; agregue la mezcla de cebolla. Revuelva para que se combine bien; la mezcla debe quedar delgada. Derrámela en cucharadas grandes en el aceite caliente; fría hasta que se dora, dando vuelta una vez. Coloque las frituras en una cacerola para hornear. Caliente el horno a 350º F. Cubra con la salsa y hornee durante 20 minutos.

Salsa

1 lata de 10 ¹/₂ onzas de sopa de champiñones
³/₄ de lata de agua
1 paquete de sopa de cebolla en polvo
2 tazas de crema agria

Combine los primeros 3 ingredientes en una olla pequeña; cocine hasta que todo esté bien caliente, revolviendo ocasionalmente. Quite la mezcla del fuego; agregue la crema agria revolviendo bien.

Información nutricional por porción	
Porcentaje de lo recomendado en Estados Unidos	
Calorías…840	Proteína…19g
Carbohidratos…44g	Grasa…67g
Sodio…1950mg	Potasio…690mg
Proteína…30%	Vitamina A…25%
Vitamina C…10%	Tiamina…30%
Riboflavina….30%	Niacina…10%
Calcio…25%	Hierro…20%
Fósforo…45%	

SUSTITUTOS

Muchas salsas y preparaciones comerciales para sandwich contienen especias que pueden alterar el sistema digestivo. Sugerimos que aquéllas se sustituyan con recetas caseras que utilizan hierbas de sabor agradable que no irritan el estómago. A continuación ofrecemos 3 recetas para sandwiches. Al prepararlas, sienta la alegría de experimentar con varias hierbas de sabor, tales como la salvia, la albahaca, el tomillo, las hojas de laurel, el romero, el cilantro, el eneldo y el orégano, para probar un sabor diferente.

Pasta Casera de Mostaza
Da 1 1/4 taza

1   taza de mayonesa
2   cucharaditas de cúrcuma
2   cucharaditas de jugo de cebolla
2   cucharadas de perejil picado
1   cucharada de jugo de limón
    Una pizca de paprika
    Una pizca de sal de ajo
    Una pizca de sal de cebolla

Combine todos los ingredientes en un bol peque-ño; revuélvalos hasta que estén bien mezclados.

Pasta para Sandwich
Da 1 1/2 litro

1   litro de mayonesa
1/4 taza de apio picado
2   cucharadas de perejil
2   cucharaditas de albahaca dulce
1   cucharadita de aderezo italiano
2   tazas de pepinos encurtidos picados
2   cucharadas de pimiento picado
2   cucharadas de cebolla picada
1   cucharadita de cominos
1   cucharadita de cúrcuma, disuelto en agua

Combine todos los ingredientes en una licuadora; mézclelos hasta formar una pasta suave.

Salsa Tártara
Da 1 1/4 taza

1   taza de mayonesa
1   cucharadita de cebolla picada
1   cucharadita de pimiento verde picado
1   cucharadita de pimiento
1   cucharadita de pepino encurtido picado
1   cucharadita de jugo de tomate

1   huevo hervido, picado finamente
    Sal a gusto
    Jugo de 1/3 de limón

Combine todos los ingredientes en un bol pequeño; revuelva hasta que estén bien mezclados.

Polvos de hornear: Muchos polvos de hornear contienen sulfato de aluminio, un elemento que puede ser irritante para el aparato digestivo. Algunos, sin embargo, no contienen esta sustancia, por ejemplo el de Rumfords.

Azúcar: Use miel como sustituto del azúcar, empleando sólo la mitad de miel. Puesto que la miel es semilíquida, reduzca los ingredientes líquidos de la receta en una cucharada.

Cocoa: Como sustituto de la cocoa, use una cantidad igual de polvo de carob. Agregue una cucharadita de Postum por cada media taza de carob para hacer resaltar el gusto a chocolate.

Vinagre: Use jugo de limón en cantidades iguales.

Worcestershire Sauce: Use salsa de soya en cantidades iguales.

Mostaza Seca: Use 1/4 cucharadita de cúrcuma en lugar de cada cucharadita de mostaza.

Si todavía le preocupa la calidad y las cantidades de proteínas disponibles en un régimen vegetariano, a continuación le ofrecemos las siguientes comparaciones:

- 1/2 **taza de frijol soya contiene la misma cantidad de proteína utilizable que un bistec de 5 onzas.**
- 1 1/2 **taza de frijol es igual a la proteína contenida en un bistec de 6 1/4 onza.**
- 3/4 **taza de trigo partido equivale a la proteína que contiene un bistec de 1 1/4 onza.**
- 1/4 **taza de leche en polvo descremada equivale a la proteína que contiene un bistec de 3 1/3 onzas.**
- 1 **taza de mantequilla de maní equivale a la proteína contenida en un bistec de 7 onzas.**

Índice

Ocho pasos para vivir

Pacific Press® Publishing Association
Nampa, Idaho
Oshawa, Ontario, Canadá
www.pacificpress.com

Contenido

DEDICATORIA

A mis padres Charles y Lena Hall, quienes me enseñaron estos recursos para vivir con salud y felicidad.

RECONOCIMIENTOS

Numerosas personas de reconocidos méritos han realizado valiosas contribuciones a este libro.

Debo expresar mi agradecimiento especialmente a diversos profesionales de la Universidad de Loma Linda.

De la Facultad de Salud Pública de la Universidad debo nombrar al Dr. James Blankenship, profesor de nutrición; al Dr. Mervyn Hardinge, profesor jubilado de Educación de la Salud; a la Dra. Patricia K. Johnston, directora del Programa de Doctorado en Salud Pública; al Dr. David C. Nieman, director del Programa de Ciencia de la Salud; al Dr. Richard Neil, decano asociado; al Dr. U. D. Register, profesor jubilado de nutrición y dietética; y a Karen Burke, directora del Centro de Materiales Educacionales.

Además deseo agradecer a las siguientes personas de la Escuela de Profesiones Relacionadas con la Salud de la Universidad de Loma Linda: Dr. Lee Berk, profesor asociado de tecnología médica; Dr. Kenneth Burke, director del Departamento de Nutrición y Dietética; Georgia Hodgkin, profesora asociada de nutrición y dietética; Helen Seibert, profesora asociada de terapia física.

Otros profesionales que han contribuido con sus conocimientos incluyen al Dr. Charles Thomas, del Centro Educacional para Prevención de la Salud de Banning, California; Greg Goodchild, director del Programa de Restauración para Alcohólicos, Centro de Salud de Loma Linda; Dr. Ralph Steinman, profesor jubilado de odontología, Escuela de Odontología, Universidad de Loma Linda; y Dr. Carl T. Jones, profesor jubilado de química, Colegio de Walla Walla.

Finalmente, Carol Ann Marlow, directora de Educación de la Salud del Memorial Hospital de Manchester, Kentucky, colaboró con el tema de los "Recursos" que aparece en este libro. Aprecio especialmente su contribución.

Recurso 1

LA LUZ DEL SOL

Eché una mirada al reloj. "Justo a tiempo", comenté al tomar nuestro bebé recién bañado y comido. Le di otro beso, lo acuné en los brazos y lo llevé a su cuarto mientras pensaba en el futuro brillante que le esperaba. Cuando lo deposité en la cuna, dio un profundo suspiro, se relajó, cerró los ojos y se quedó dormido.

Repasé mentalmente los trabajos de la casa que debía realizar: lavar la vajilla, lavar la ropa, hacer la cama y planchar la ropa antes que mi esposo, Carlos, llegara para almorzar.

"Tendré que apresurarme –me dije a mí misma– para terminarlo todo y darle el almuerzo a Jackie antes de salir para cumplir mi turno de trabajo de tres a once. Después de todo, a las enfermeras no les queda mucho tiempo libre".

Pero me detuve de golpe al pasar frente a la ventana de la sala. "¡Me admira esta muchacha!", pensé, y me pregunté cómo se las arreglaba mi amiga Terri Lynn que paseaba a su hijito Jimmie en su cochecito. Se veía tan feliz mientras disfrutaba de la luz del sol; la brisa jugaba con sus cabellos mientras se deleitaba contemplando las rosas del jardín de un vecino. Sentí envidia por un momento.

Luego pensé: "Estoy segura que no ha lavado los platos ni ha hecho la cama. Me pregunto si habrá limpiado las manchas que vi en sus estantes la semana pasada.

"En nuestro caso, si tenemos que sacrificar un

paseo al sol y otros placeres provistos por el tiempo libre, para proporcionar a nuestro hijo un buen hogar en este sector de la ciudad, para pagar las cuotas del carro y ahorrar dinero para su educación, eso es lo que haremos. El merece lo mejor".

Me encogí de hombros y me aparté de la ventana, para hacer la cama y lavar la vajilla.

Numerosos pensamientos se agolparon en mi mente. ¿Estábamos realmente dando a Jackie lo mejor que podíamos? ¿Podría ser que Terri Lynn y el pequeño Jimmie estuvieran recibiendo algo que, por ignorarlo nosotros, le faltaba a nuestro bebé?

¿Podría ser que una caminata a la luz del sol y el aire fresco le proporcionaban a Terri más calma, gozo y fortaleza para hacer frente a la vida que las que yo tenía? Tuve que admitir que algunos días eran bastantes pesados, y que mis pensamientos llenos de ansiedad, mis palabras apresuradas y mis actividades descontroladas afectaban a mi paciente esposo y a mi bebé.

Mantuve mi programa recargado de trabajo durante varias semanas. Finalmente, una noche que tuve libre tomé el libro *El ministerio de curación* y comencé a leer. Mientras leía se fue apoderando de mí una gran calma. Comencé a ver en qué forma podría proporcionar mayor beneficio a mi familia.

"El aire puro, el sol, la abstinencia, el descanso, el ejercicio, un régimen alimentario conveniente, el agua y la confianza en el

poder divino son los verdaderos remedios"
(p.89).

Comprendí la importante verdad: si estos recursos naturales sanan a los enfermos, ¿podría ser que también mejoraran la calidad de nuestra salud actual?

Carlos me ayudó a formar un plan. Repasé mis actividades diarias y descubrí que realmente podía introducir algunos cambios para el bien de mi familia.

Encontré tiempo para sacar afuera a Jackie, mientras plantaba bulbos de tulipanes que florecerían en la primavera para alegrar tanto nuestros espíritus como nuestro jardín con su hermoso colorido.

Cortamos 21 pinos en nuestra propiedad para permitir que se asoleara el dormitorio de nuestro bebé, la cocina y el comedor. Colocamos afuera un alambre para tender la ropa. (¿No le parece que es muy agradable el olor de las sábanas limpias secadas al sol y al aire fresco?)

Todas las tardes, a las 2:15, arropaba bien a mi bebé, me colocaba mi uniforme de enfermera y salía afuera para disfrutar del hermoso paisaje del otoño. Luego llevaba el cochecito con el bebé hasta la oficina de mi esposo, que no se encontraba muy lejos, y finalmente me dirigía al hospital para hacerme cargo de mi trabajo. Mi esposo y el bebé regresaban al hogar a las 5:00 para cenar y pasar algunos momentos entretenidos juntos.

Pronto vimos que los ojitos de Jackie se ponían más brillantes, se le encendían las mejillas y aumentaba su energía. Cuando comenzó a nevar, lo abrigamos bien y lo sacamos a jugar con un trineo. Subíamos una ladera y luego nos deslizábamos a toda velocidad hasta llegar abajo. Repetimos varias veces el procedimiento y Jackie se reía de tan buena gana que nos hizo olvidar nuestros problemas y proyectos.

Estas actividades promotoras de la buena salud comenzaron a adquirir prioridad en nuestro hogar. Planeábamos todo lo demás de tal manera que nos dejara tiempo para dedicarnos a ellas.

Cuando llegó la primavera y el sol volvió a sacarme pecas en la nariz, recordé mi infancia feliz pasada en el Estado de Florida. El sol siempre me daba ganas de cantar, y cuando Jackie cumplió dos años, ya podía cantar más de 20 cantitos conmigo.

Nuestro segundo hijo nació en el calor y la alegría de un hogar feliz. En el jardín, las rosas y otras hermosas flores le dieron la bienvenida. Una caja de arena, un tobogán y un perrito de pelaje negro y blanco lo invitaban a una entretenida vida al aire libre. Trabajé fielmente en el hospital y oré a Dios que bendijera mis esfuerzos para aplicar sus agentes promotores de la salud a mis pacientes afectados por el sufrimiento.

"Pero cuánto mejor sería –pensaba continuamente- si pudiera prevenir que se enfermaran". De modo que cuando otra universidad llamó a mi esposo Carlos para que trabajara en un programa para graduados, aproveché la oportunidad para inscribirme en materias que podrían enseñarme más acerca de los recursos promotores de la salud: la luz del sol, el aire fresco, la abstinencia, el reposo, el ejercicio, el régimen alimentario adecuado, el agua y la confianza en el poder divino.

Mientras estudiábamos, vivíamos en un pequeño apartamento y ahorrábamos todo el dinero que podíamos. A pesar de eso, logramos comprar cuatro raquetas de tenis y unas pocas pelotas, y en compañía de nuestros hijitos disfrutábamos de la luz del sol y del aire fresco que nos proporcionaban energía para los músculos y el cerebro.

Algunas personas dicen que la luz del sol obra como un tranquilizante, pero para mí con más frecuencia es un estimulante. Me levanta el espíritu.

Estudié no solamente para obtener buenas calificaciones sino también para ayudar a la gente a conservarse sana y vigorosa. Estudié con ahínco mis lecciones y los libros requeridos, mientras sentía agradecimiento por esta oportunidad de aprender más acerca de los recursos dados por Dios para mantenernos con salud.

Aprendí que nuestro sabio Creador había hecho la luz del sol para introducir mucha belleza en nuestras vidas. El sol no sólo hace crecer las flores, sino también añade clorofila verde a las hojas y color a las flores. Qué aburrido sería el mundo sin las rosas rojas, los juncos amarillos y las petunias rosadas.

El sol también calienta los aceites volátiles de las flores y las frutas y esparce su perfume, rico y fragante, con ayuda de las corrientes de aire puestas en circulación por los rayos solares.

En el proceso de maduración de las frutas, el sol

cambia el almidón en azúcar para endulzar las fresas, las cerezas y las naranjas. Además, esa misma luz hace madurar el maíz, el trigo y la avena al convertir el azúcar en almidón.

En la primavera, el sol derrite la nieve para llenar nuestros lagos y ríos con agua renovadora de la vida. Despierta a los animales en hibernación y pone en actividad la hormona que hace que los pajaritos preparen sus nidos.

> La luz del sol ayuda a muchos viajeros a vencer los efectos de los viajes prolongados en avión. Una caminata a la luz del sol después de una noche de vuelo aliviará la sensación de cansancio y hará más alerta a la persona.

Sin embargo, todo esto es nada más que una fracción de lo que Dios hace por nosotros por medio del sol, el cual se encuentra situado a una distancia tan grande de nosotros. La luz del sol es realmente un recurso promotor de la vida. Forma vitamina D en la piel, lo que permite que aprovechemos el calcio que es indispensable para desarrollar huesos y dientes fuertes.

Nunca olvidaré el día cuando Cindy, nuestra vecinita, subió a su caballo y galopó por el prado. Pero de pronto el animal dio una vuelta repentina y Cindy calló pesadamente al suelo. Trató de levantarse, pero no lo consiguió sino a costa de gran trabajo, porque tenía los dos brazos quebrados. Así regresó a la casa con el rostro cubierto de lágrimas y se echó en los brazos de su alarmada madre. ¿Qué podía hacer Cindy para conseguir que sus huesos sanaran con más rapidez? Recibir abundante luz del sol, por

supuesto, y eso fue precisamente lo que hizo.

El Dr. Ralph Steinman, de Yucaipa, California, dice que el sol es también beneficioso para los dientes. "Cuando trabajaba para el ejército, atendí la dentadura de los soldados que prestaban servicio en muchos países extranjeros. Observé que los que procedían de Islandia y de otras regiones que tienen poca luz del sol, tenían dientes en peor estado que los que habían vivido en el trópico, donde recibían el beneficio de la luz solar durante muchas horas al día". Continuó diciendo que esa misma comparación era válida para los Estados Unidos. Los dientes de las personas que atendió en Nueva Inglaterra se encontraban en peor condición que los de las personas que vivían en Texas, Nuevo México y California, donde la luz del sol es más abundante.[1]

La luz del sol también aumenta la actividad del hígado. Eso significa que con luz adicional, los bebés prematuros que tienen la piel amarillenta debido a la ictericia, pueden recuperarse rápidamente antes que ese mal les dañe el cerebro o les provoque la muerte.

El sol protege la salud al destruir toda clase de microorganismos que se encuentran a nuestro alrededor. El Dr. Lawrence P. Garrod, profesor de bacteriología de la Universidad de Londres, encontró que el polvo que había debajo de las camas y los rincones oscuros de los cuartos del hospital se encontraba cargado de bacterias productoras de enfermedad, pero el polvo que se encontraba cerca de las ventanas o en las ventanas mismas, tenía una cantidad mucho menor de bacterias. Añade que la luz del sol, aun en un día nublado de invierno, mata las bacterias. El sol no sólo destruye los microorganismos que existen a nuestro alrededor, sino también aumenta el número de glóbulos blancos que el cuerpo produce para luchar y destruir los gérmenes que penetran en el organismo.

Debemos adoptar ciertas precauciones cuando salimos al sol. Un poco de sol es bueno, pero mucho sol es perjudicial.

En el invierno conviene asolearse entre las diez de la mañana y el mediodía. En el verano, es mejor hacerlo más temprano, a las 8:30 ó 9:00, antes que caliente demasiado.

Las quemaduras provocadas por la luz solar no sólo son dolorosas, sino que un exceso de sol hasta puede desencadenar crecimientos cancerosos.

Sin luz no vemos el color. Todo adquiere una

tonalidad gris o negra. Pero con la luz del sol, todo revive, porque la luz despierta la belleza del color.

El color nos afecta más de lo que comprendemos. Afecta nuestra personalidad y nuestra actitud mental. Cada color despierta recuerdos hermosos.

El amarillo brillante de la luz del sol produce alegría y bienestar.

Los rayos infrarrojos del sol (el calor) penetran profundamente en el cuerpo y benefician los sistemas circulatorio y muscular.

El amarillo son mariposas inundadas por la luz,
un campo de margaritas y de juncos brillantes.
Es pan de maíz con mantequilla, un frasco de miel,
la luz de una vela y un día asoleado.[2]
El color rojo nos torna más alerta y activos.
El rojo es un camión de bomberos, luminoso e interesante.
O bien una rosa pálida con pétalos invitadores.
Es un tomate maduro arrancado de la planta,
o algodón de caramelo disfrutado en la niñez.
Es la casaca de un cazador o la capa de un torero.
Una cinta de raso o una falda con pliegues.
Es fresas, sandías y cosas agradables para comer.
El rojo entusiasma y siempre resulta agradable.[3]

El color naranja es también tibio y encantador.

El naranja es una llama mezclada con emoción.

Es una puesta de sol pintada a través del océano.
Es el color del otoño, intenso y llamativo,
Nuez moscada y calabaza, una comida especial.
Ocre o achocolatado, aterciopelado o brillante,
El naranja produce tonos adecuados y agradables.[4]

Los colores fríos como el azul, el verde y el azul verdoso, que se encuentran en el cielo, en los árboles y en la grama, calman y relajan. Esta es otra razón por la que los paseos al aire libre promueven la buena salud.

Azul es el cielo en un brillante día de verano,
O bien es frío y sombrío en el invierno.
Azul es el mar, un pez o un libro,
Una flor de aster, un zafiro, un sentimiento, una mirada.
Es una avecilla que trina alegremente.
El azul es majestad envuelta en una nube.[5]

El verde ejerce encanto universal. Es el color que produce más descanso. Es el color principal de la naturaleza, que provee un fondo adecuado para todos los demás colores.

El verde es la primavera después de la nieve,
Rica y atrayente, es la naturaleza encendida.
Es un árbol de navidad y una borla color esmeralda,
Es como el océano en el verano, o como un elevado pino.
El fresco pepino en la ensalada es verde.
El verde como color nunca desencanta.[6]

Para comenzar bien el día, haríamos bien en levantarnos temprano para ver salir el sol que se asoma por el este para saludar al mundo con colores gloriosos, energía ilimitada y rayos promotores de salud.

[1] Entrevista con el Dr. Ralph Steinman, Yucaipa, California, 22 de diciembre, 1987.
[2] *"Come Catch a Rainbow"*, (PPG Industries, 1967), p. 2.
[3] *Ibíd.*, p. 6.
[4] *Ibíd.*, p. 8.
[5] *Ibíd.*, p. 4.
[6] *Ibíd.*, p. 10.

Recurso 2

AIRE PURO

Nos esforzamos por captar los últimos reflejos dorados de una hermosa puesta del sol, y luego regresamos a la comodidad de nuestro campamento de Blue Mountains en el noreste de Oregón.

Permanecimos sentados en el silencio durante algunos momentos, perdidos en los recuerdos y sueños que esas escenas inspiran. De pronto alguien preguntó: "¿Cuál es el sonido más hermoso de que hemos disfrutado?"

Nos miramos unos a otros, luego contemplamos las sombras de las montañas, y recordamos el transcurso de varias décadas pasadas. Una sonrisa iluminó el rostro de un observador de pájaros, quien dijo: "Me parece que no hay nada más hermoso que el sonido de una bandada de pájaros felices".

Eso nos trajo recuerdos agradables del sur del país, donde el sinsonte canta y el cardenal silba sus elegantes melodías; recuerdos de papagallos multicolores y de aves del lejano oriente con cantos extraños; recuerdos de una plantación de fresas en el Estado de Washington, donde las alondras cantaban mientras recogíamos fresas.

Un soldado que había peleado en la Segunda Guerra Mundial recordó el delicado sonido de las campanillas de las vacas en los pacíficos valles de Suiza.

Otros pensaron en sonidos que ejercían efectos sedantes como el de una caída de agua, de la corriente de un arroyo, de las olas del mar que se deshacen en la playa, y hasta en el silbido que produce el agua hirviendo de una tetera en un hogar feliz.

Otro pensó en alguien que se encontraba perdido en una escarpada montaña y en el zumbido de esperanza producido por un helicóptero de rescate.

Recordé otro sonido y me resultaba muy apreciado cuando niña. Casi puedo oírlo ahora: la bocina del carro de mi padre cuando entraba en el camino que conducía a nuestra casa.

Una joven madre pensó en el esperado llanto del recién nacido; y un abuelo que tenía tomada de la cintura a su esposa de cabellos blancos, declaró: "Creo que lo más hermoso que recuerdo es el sí pronunciado por mi novia hace 40 años".

Tal vez las palabras que cualquier madre anhela oír más son: "¡Hola, mamá!" Me lleno de entusiasmo cuando escucho la voz de mi hijo, que es radioaficionado, que me llama del lugar donde se encuentra a casi dos mil kilómetros de distancia.

Para otros, el sonido más bello es el de la música inspiradora, que es el único lenguaje con el que no se puede decir algo degradante ni sarcástico. La persona que tiene una canción en el corazón, tanto como en los labios, se encuentra bien equipada para resistir los asaltos de la vida. El canto no sólo tiene belleza, sino también proporciona fortaleza y valor.

"Entonces Jehová Dios formó al hombre

del polvo de la tierra, y sopló en su nariz aliento de vida, y fue el hombre un ser viviente" (Génesis 2:7).

¡El aire es un recurso admirable! Aunque el sonido viaja a través del agua y de otros medios, es el aire que nos rodea el que lleva los sonidos directamente a nuestros oídos y hace vibrar los elementos del oído interno a fin de transmitirnos mensajes hermosos, interesantes, tristes o de advertencia.

Independientemente del estado de salud y del tamaño de nuestras cuerdas vocales, no podríamos hablar ni cantar si no expulsáramos el aire de los pulmones para hacerlas vibrar.

Cuando el oxígeno del aire se combina con el alimento, proporciona energía para que el cerebro piense, para que lata el corazón y para que los músculos se contraigan a fin de poder cantar, inclinarse, estirarse, sentarse o acostarse.

Cuando trabajamos o jugamos intensamente, cuando trotamos o corremos, experimentamos calor. ¿Cómo volvemos a reducir la temperatura? Una forma adecuada es simplemente dejar que el aire evapore la transpiración en nuestra piel.

Cuando un miembro de nuestra familia se enferma y tiene fiebre elevada, podemos bajar la temperatura esparciendo humedad, ya sea agua o alcohol, en su piel. Eso se consigue haciendo una aplicación en un solo brazo, pierna u otra parte del cuerpo por vez, a fin de que no se enfríe bruscamente si le humedeciéramos el cuerpo completo. Luego debemos abanicarlo lentamente con la mano. A medida que el aire evapora la humedad, enfría el miembro. En esta forma el aire es un recurso eficaz para controlar la temperatura.

Las inspiraciones profundas de aire puro transportan una mayor cantidad de oxígeno hasta los lugares más alejados de los bronquios de los pulmones. Esto ayuda a eliminar los microorganismos que se acumulan en esos lugares y que podrían iniciar una enfermedad.

El aire puro apresura la circulación de la sangre, lleva más oxígeno y elementos nutritivos a todas las células del cuerpo, y permite eliminar con mayor eficacia los desechos a fin de que podamos pensar y trabajar con más eficiencia.

Cuando estamos enfermos, el aire puro y la luz del sol contribuyen a restablecernos la salud. La luz del sol eleva el espíritu y proporciona una tranquilidad que influye en forma favorable en la mente. Tanto la luz solar como el aire fresco destruyen los microorganismos.

Por esta razón, antes que tuviéramos la medicina moderna, el descanso o el dormir al aire libre constituía uno de los tratamientos de preferencia para los enfermos de tuberculosis.

El aire fresco ayuda a tranquilizar los nervios y permite dormir profundamente. Tal vez esa sea una razón por la cual tantas familias jóvenes de la actualidad salen a realizar caminatas o a acampar los fines de semana y en las vacaciones. Otros se trasladan con sus familias al campo, donde el aire es más puro por contener menos elementos contaminantes.

Las personas que respiran superficialmente limitan la cantidad de oxígeno necesaria para mantener el cerebro alerta, con lo cual pierden un recurso valioso para desterrar la depresión.

Para ayudarme a recordar que debo respirar profundamente, he colocado un letrerito que dice: "Respira profundamente", en el espejo de mi baño y en un lugar prominente de la cocina.

En el hogar conviene evitar un exceso de humedad en el aire, lo que en el verano puede hacer que uno se sienta con más calor, pegajoso e incómodo, y hasta deprimido. En el invierno la humedad hace que uno sienta frío. Esto se puede evitar al impedir que una tetera o una olla hiervan innecesariamente en la cocina. También conviene tomar baños calientes más cortos para impedir que un exceso de humedad pase al aire.

Sin embargo, si el aire es demasiado seco, se puede irritar la garganta. En ese caso, las diminutas vellosidades de los órganos de la respiración no pueden expulsar los microorganismos en la forma como lo hacen normalmente.

Exponerse excesivamente al aire frío es peligroso porque aumenta la presión de la sangre en un esfuerzo del organismo por mantener el cuerpo caliente. Eso recarga el funcionamiento del corazón. Cuando el cuerpo está frío, hay menos glóbulos blancos activos en la corriente sanguínea. Debemos recordar que los glóbulos blancos son los elementos que luchan contra los microorganismos, de modo que cuando no están activos y listos para atacar a los

virus, disminuye la resistencia a los resfríos y a otras enfermedades.

Tal vez hemos notado que el aire caliente nos cansa con más facilidad. No es posible hacer la misma cantidad de trabajo que cuando la temperatura es menor. Por eso se necesita aire a la temperatura debida, de 16º a 27º C (60º a 80º F), y a la humedad adecuada (de 30 a 65 por ciento).

Uno de los problemas graves que nos afectan en la actualidad es la contaminación del aire. Las plantas industriales y los vehículos arrojan cada año millones de toneladas de contaminantes al aire: partículas sólidas, gases y gotas líquidas. Cuando añadimos a esto el polvo, el polen de los árboles y las flores, y el humo, tenemos una atmósfera productora de enfermedades.

Las plantas y los árboles durante el día absorben anhídrido carbónico y expelen oxígeno. Nosotros y otros animales tomamos el oxígeno del aire y devolvemos el anhídrido carbónico. Este es el equilibrio que Dios planeó para nosotros cuando colocó a Adán y Eva en el huerto del Edén. Pero hemos cortado nuestros bosques y construido fábricas y vehículos que contaminan nuestra atmósfera.

Durante los períodos de densa niebla industrial en las ciudades grandes, aumentan las muertes. Por eso en algunos países avisan por radio y televisión cuando el índice de niebla industrial llega a un punto peligroso, especialmente para las personas ancianas o los enfermos, para que permanezcan en sus casas y enciendan los acondicionadores de aire, si los tienen.

Si es posible hacerlo, conviene adquirir un buen acondicionador de aire que no sólo recircule el aire sino que además introduzca del exterior y lo filtre, porque con ese artefacto se promoverá la salud de la familia.

Las personas que viven donde hay aire puro recibirán gran beneficio si salen afuera y respiran profundamente para reoxigenar el organismo y mejorar la salud.

Las casas que tienen ventanas dobles y que están protegidas contra la entrada del aire frío durante los meses de invierno, consumen menos energía para mantener un ambiente agradable. Sin embargo, es necesario tomar precauciones para evitar el uso de estufas o calentadores a gas sin ventilación adecuada, porque esos artefactos producen monóxido de carbono, gas que es tóxico.

Si el lector nota que le duele la cabeza, se siente débil y cansado, y tiene problemas para dormir durante el fin de semana, y luego se siente mucho mejor cuando vuelve al trabajo la semana siguiente, conviene que compruebe el estado del sistema de ventilación.

La Escuela de Salud Pública de la Universidad de California, en Berkeley, ofrece varias buenas sugerencias para mantener aire de buena calidad en el hogar. Aunque no se detecte ningún problema, de todos modos vale la pena adoptar las siguientes precauciones:

1. "Haga que una compañía de buena reputación revise el sistema de calefacción completo. Debe reemplazar cualquier parte que se encuentre oxidada o dañada.

2. "Asegúrese que su cocina de gas tenga un sistema de ventilación hacia el exterior. Utilice el ventilador cada vez que cocina.

3. "Conecte con el exterior todos los calentadores que queman combustible. No se arriesgue.

4. "Nunca utilice una cocina u horno a gas para calentar una habitación, aun cuando haya una falla de energía eléctrica.

5. "No mantenga una olla de agua hirviendo todo el día en una cocina de gas para aumentar la humedad. En cambio, coloque una olla con agua sobre el radiador, o bien utilice un humidificador.

6. "No mantenga braseros con carbón encendido dentro de una habitación, porque pueden generar monóxido de carbono, gas tóxico. Aun en una chimenea u hogar, el humo puede entrar en la habitación". [1]

Si tiene un humidificador de aire frío, es buena práctica lavar el recipiente de agua cada vez que lo usa. Las bacterias y hongos proliferan en lugares húmedos, de modo que cuando vuelve a encender el humidificador puede esparcir esos microorganismos en el aire y provocar reacciones alérgicas e infecciones pulmonares. Los humidificadores ultrasónicos matan las bacterias y los hongos, pero de todos modos conviene limpiar el humidificador por lo menos una vez por semana. [2]

Aunque el oxígeno y la luz del sol matan los microorganismos que hay en el aire, eso no significa que purifiquen el aire de los tóxicos presentes en la niebla industrial y en el humo del tabaco.

Sin que se dé cuenta de ello, es posible que esté colocando el fundamento del cáncer en su esposa y en sus hijos. Si usted fuma en su casa, convierte a los miembros de su familia en fumadores pasivos. Respiran los abundantes venenos contenidos en el humo del tabaco. Estos incluyen monóxido de carbono y nicotina, que es cancerígena. El Dr. T. Hirayama, del Instituto de Investigaciones del Cáncer, afirma lo que acabamos de decir en un estudio realizado con familias japonesas. Dice: "Se ha observado el doble de aumento en la mortalidad causada por cáncer del pulmón en las esposas de maridos fumadores. Se encontró que el efecto del humo del cigarrillo sobre los fumadores pasivos era la mitad a un tercio del efecto sobre los fumadores directos en términos de riesgo relativo de cáncer del pulmón".[3]

Aparentemente, cuanto más humo de tabaco inhalan usted o su familia, ya sea en el hogar, en el trabajo o en otros lugares, tanto mayor es su riesgo (y el de su familia) de desarrollar cáncer pulmonar.

El Dr. Shigeru Matsukura y sus asociados informan en el *New England Journal of Medicine* las conclusiones de su estudio realizado con fumadores pasivos: "Concluimos que los efectos perjudiciales del fumar pasivamente pueden ocurrir en proporción al tiempo que los no fumadores están expuestos al humo de tabaco en el hogar, en el trabajo y en la comunidad".[4] Esto demuestra que los efectos del humo de tabaco pueden ser peligrosos para la salud, aunque la persona no fume.

Una mujer que se interesa seriamente en la salud de su bebé no fumará durante el embarazo; tampoco fumará durante el período de lactancia ni mientras cría a si hijo.[5]

¿Cree usted que el efecto de los tóxicos que exhala es solamente transitorio? ¿Cree que su efecto no se sentirá mañana? ¿O piensa que mañana usted podrá dejar de fumar y que todo estará bien? Escuche lo que Ann Charlton informa en un artículo publicado recientemente en el *British Medical Journal*. Dice: "Los resultados constituyen una evidencia clara de la existencia de un vínculo entre el fumar en el hogar y la tos de los niños pequeños, lo cual no sólo puede presentar problemas inmediatos, sino también puede ser la causa de enfermedades futuras".[6]

A pesar de que hemos contaminado en gran medida nuestra atmósfera, todavía ésta nos proporciona numerosas bendiciones. Por ejemplo, la presión del aire permite que los insectos, las aves y los aviones puedan volar. También su fuerza excepcional hace que los globos puedan elevarse y flotar.

También disfrutamos del efecto amortiguador del aire en cosas como las llantas de vehículos, en las almohadas y colchones de aire.

El aire es un sistema natural de transporte para la humedad, las semillas, el polen y los olores. También transmite el sonido. Los insectos encuentran el camino hacia sus moradas por medio de esos olores, como también el alimento y sus compañeras. Y así es como los mosquitos pueden encontrarnos, aun en la oscuridad.

Podemos sentir agradecimiento por el aroma de las manzanas frescas, de las rosas, de la menta en el campo y del pan recién cocinado.

"El viento –dijo un niñito- es el aire que va de prisa".

Una de las cosas agradables del "aire que va de prisa" es que hace girar los molinos de viento que hacen funcionar las bombas de agua y llevan a cabo otras tareas. También infla las velas de los barcos y remonta los cometas o papalotes.

Tal vez esto nos hará apreciar mejor la gran sabiduría de Dios que nos dio el aire en el segundo día de la creación. Tenía todo listo y en espera de la fragancia de las flores que creó en el tercer día, el canto de las avecillas creadas en el quinto día, el sentido del olfato de los animales creados en el sexto día, y listo para que Eva escuchara a Adán decirle "Te amo" ese viernes de tarde.

---

[1] *Berkeley Wellnes Letter,* enero de 1988, p. 7.

[2] *Ibíd.,* p. 1.

[3] *British Medical Journal,* 282 (1981): 183-185.

[4] *New England Journal of Medicine,* 311 (1984): 828-832.

[5] C. Everest Koop, ministro de salud de los Estados Unidos, en *Vibrant Life,* diciembre de 1985, pp. 17-19, 47.

[6] Ann Charlton, en *British Medical Journal,* 288 (1984)

Recurso 3

ABSTINENCIA
(TEMPERANCIA)

¡Pobre Artemio Olivas! Compadecía a mi vecino que vivía deprimido y desanimado, con el pie derecho descansando sobre dos almohadas. Se lo veía pálido, y su voz débil me hacía temer que le quedaban pocos días de vida. Cuando trató de mover levemente el pie, se le escapó de los labios un quejido de dolor.

Como vi que su esposa estaba muy cansada y afligida, le pregunté si podía ayudarle.

"No sirvo para bañar a nadie en la cama –dijo–. Tengo miedo de hacerle doler el pie herido. ¿Tendría usted tiempo para ayudarme a bañarlo?"

Me sentí contenta de tener esa última oportunidad de hacer algo por él y de ayudar a la Sra. Olivas. Lo bañé con todo cuidado y lo sequé suavemente, y le cambié las sábanas de la cama y le puse la pierna en una posición más cómoda.

Cuando salíamos de la casa, le pregunté a mi vecina: "¿Qué le pasó en el pie a su esposo? ¿Se le infectó después de algún accidente?"

"No –contestó y miró hacia el suelo como si temiera admitir la causa–. Se produjo gradualmente durante los últimos seis meses. El doctor dice que es la enfermedad de Buerger".

Comprendí de inmediato por qué tenía el pie derecho tan descolorido. En efecto, parecía como si estuviera muerto. La enfermedad de Buerger es causada por los tóxicos existentes en el humo del tabaco. Es una inflamación y taponamiento de los pequeños vasos sanguíneos, lo que interrumpe la circulación de la sangre y produce gangrena en los dedos de los pies.

Artemio tenía una sola posibilidad de extender su vida: la amputación de la pierna. No quería ir al hospital, pero tampoco quería morir. No era hombre de mucha edad. Quería ver a Guillermo, su hijo, convertirse en un hombre de negocios de éxito. Quería vivir para ayudar a su querida esposa. Ambos querían vivir para disfrutar de los nietos. Pero Artemio tenía dos tristes alternativas: morir dentro de pocas semanas con dos piernas, o posiblemente vivir un poco más con solamente la pierna izquierda, si es que estaba dispuesto a dejar de fumar.

Una segunda opinión médica no le dio más esperanza, de modo que eligió la cirugía. Guillermo, al ver que el tabaco no sólo había quitado la salud a su padre sino que estaba a punto de quitarle la vida, prometió: "Yo también dejaré de fumar. No más tabaco para mí".

Aunque Artemio Olivas sobrevivió durante algunos meses, el daño experimentado no se confinó solamente a los dedos de los pies ennegrecidos y al pie de color morado.

Pronto el corazón, gravemente afectado por los tóxicos del humo de tabaco, dejó de funcionar y su esposa quedó sola frente a la lucha por la vida.

Guillermo tenía buenas intenciones. Pero cierto día, mientras caminaba por la calle, vi que Guillermo se dirigía hacia mí. Lo miré con más atención y vi que venía fumando un cigarrillo.

De pronto él también me vio, e inmediatamente cruzó la calle y pasó a la vereda opuesta mirando hacia otro lado.

El caso de Guillermo es similar al de muchos jovencitos que son adictos al tabaco.

El cigarrillo los agarra con tanta fuerza que son incapaces de librarse del hábito de fumar sin recibir ayuda especial.

Ciertas partículas irritantes del humo del cigarrillo causan un estrechamiento de los bronquiolos de los pulmones. Algunos de los tóxicos también paralizan o tornan más lento el movimiento de las diminutas cilias de los bronquios; en consecuencia, éstas no pueden hacer ascender las mucosidades y las partículas de desechos que se producen en las profundidades de los pulmones hasta hacerlas llegar a la garganta, de donde pueden ser expedidas al exterior. Cuando sucede eso, hay microorganismos y otros elementos irritantes que se acumulan en la profundidad de los pulmones y pueden preparar el camino para problemas graves como el enfisema o el cáncer pulmonar.

El humo del tabaco también afecta el corazón. Lo hace latir más aprisa y aumenta la presión de la sangre. Provoca irregularidades en el ritmo de los latidos cardíacos y estrecha los vasos sanguíneos de la piel. Por eso los fumadores con frecuencia tienen pies y manos fríos y rostros cetrinos.

Todo eso recarga el trabajo del corazón; y además, si la persona fuma, aumenta mucho su riesgo de experimentar un ataque cardíaco.

Otra práctica riesgosa que conviene evitar es el uso del "tabaco sin humo". Ya sea que se lo mastique o tan sólo se lo mantenga en la boca, es extremadamente peligroso. Puede producir cáncer en la boca, en las encías o en la garganta. Lo triste de esto es que, según informes de las autoridades, un número sorprendente de jóvenes, incluyendo niños, utilizan "tabaco sin humo", sin comprender el peligro que corren. [1]

Experimentos realizados tanto con conejos como con seres humanos han demostrado que la nicotina introducida en el cuerpo por vía oral eleva la tasa total de colesterol y de las lipoproteínas de elevada densidad (que son perjudiciales) y disminuye las lipoproteínas de baja densidad (que son útiles). La práctica extendida de usar tabaco sin humo y de masticar chicle con nicotina hace que esta información tenga mucha importancia para nosotros como padres. Necesitamos advertir del peligro a nuestros hijos e hijas, darles un buen ejemplo y recomendarles otros comportamientos que puedan se aprobados por sus compañeros. [2]

El Dr. William L. Weis, profesor de contabilidad de la Universidad de Seattle, dice: "Una encuesta realizada recientemente entre empleados de las compañías norteamericanas más importantes y del gobierno revela que entre 70 y 80 por ciento de los empleados no quieren trabajar con colegas que fuman... En una encuesta que yo mismo realicé con un colega mío... entre 223 gerentes de personal que eran directamente responsables de contratar a los empleados, 53.4 por ciento indicó que preferían a los no fumadores sobre los fumadores cuando ambos tenían calificaciones similares. [3]

Elige más bien castigar tus apetitos antes que ser castigados por ellos".

Tyrius Maximus

De modo que el lector puede mejorar sus perspectivas de conseguir un trabajo especial que desea, si elige no fumar.

Si usted fuera empleador, ¿acaso no preferiría a los no fumadores que tienen buena salud, moral elevada y pierden menos días de trabajo?

Los gerentes y dueños de negocios que piensan bien, no se dejan engañar por la propaganda de la industria del tabaco. El hecho de que los fumadores están siendo contratados con menos frecuencia que los no fumadores mantiene asustadas a las compañías tabacaleras, a tal punto que procuran contrarrestar las verdades sobre el tema mostrando en sus anuncios a profesionales en situación de trabajo con cigarrillos, ya sea en los dedos o en la boca.

Weis dice que se está difundiendo la verdad de que "el acto de fumar ya no es un comportamiento socialmente apropiado" en el mundo profesional. "Para un adulto maduro y responsable, ya sea fumador o no fumador, el espectáculo de gente joven que fuma le parece estúpido e inmaduro, y no refinado y adulto". [4]

En una entrevista con Ralph Blodgett, ex director de la revista *Vibrant Life,* el Dr. C. Everett Koop, ministro de salud de los Estados Unidos, dijo que el fumar es todavía más enviciador que el alcohol, y que es más difícil para un fumador abandonar el uso del tabaco de lo que es para el alcohólico el renunciar a la bebida, y eso ya es bastante difícil.[5]

Mucha gente joven piensa que pueden dejar de fumar en cualquier momento que deseen, pero cuando deciden hacerlo sin ayuda, descubren que es casi imposible.

Primero, se necesita la ayuda de Dios y también la de algún programa de éxito como el de Cinco Días para Dejar de Fumar, patrocinado por la Iglesia Adventista del Séptimo Día.

El Dr. J. Wayne McFarland, promotor del Plan de Cinco Días, sugiere algunas cosas que pueden facilitar el dejar de fumar.

El afirma que es mejor dejar de fumar de golpe antes que en forma paulatina. Los primeros tres días serán los más difíciles, pero cada día pasado sin los tóxicos del tabaco proporciona un gran sentido de realización y de respeto por sí mismo. El fumador debe recordar que esta es su decisión personal, de modo que cuando la situación le resulta insoportable, puede repetirse una y otra vez: "Elijo no fumar".

El Dr. McFarland dice que cuando el deseo de fumar se siente con mayor intensidad, hay que mirar el reloj. Cada segundo que puede pasar sin fumar proporciona valor para continuar. Cuando se ha observado que el marcador de segundos ha dado una vuelta completa hasta marcar un minuto, debe pensar: "Lo he conseguido por un minuto. Puedo hacerlo nuevamente. Y todas las veces que quiera". Al cabo de tres minutos probablemente notará que el deseo de fumar disminuye.

Aquí hay otras prácticas que pueden ayudarle a mantenerse alejado del tabaco:

1. Báñese con frecuencia. Esto ayuda a quitar los tóxicos y el olor eliminado por la piel. Para disminuir el deseo insoportable de fumar hay que darse un baño de lluvia caliente seguido por uno frío.

2. Beba por lo menos seis vasos de agua por día. Además de calmar la sed, el agua diluye los tóxicos y alivia el trabajo de los riñones.

3. Coma, duerma y lleve a cabo las actividades más importantes a horas regulares, y no varíe su programa. Esto puede ayudarle a resistir el deseo de fumar.

4. No se siente después de comer. En lugar de relajarse en su silla favorita, con olor a tabaco, una caminata al aire libre le ayudará a tener éxito en su decisión de no fumar.

5. Deje de usar todas las bebidas que contienen alcohol, cafeína u otros sedativos o estimulantes. Beba en cambio, leche, leche agria o bebidas calientes a base de cereales, que no estimulan el deseo de fumar.

6. Omita los alimentos excesivamente sazonados, los bistecs, los alimentos fritos y los alimentos con exceso de crema o azúcar.

7. Coma en abundancia fruta, granos, verduras y nueces, pero no coma entre las comidas.

8. Respire profundamente y mantenga una postura adecuada.

9. No tome tabletas u otros productos para dejar de fumar, a menos que primero lo consulte con su médico.

10. Confíe en que Dios le ayudará. El tiene poder ilimitado.[6]

Si usted o un amigo desea obtener ayuda para vencer el hábito de fumar, póngase en contacto con la Iglesia Adventista del Séptimo Día local a fin de obtener información acerca de los cursos para dejar de fumar.

El Departamento de Salud y Servicios Humanos de los Estados Unidos ha publicado un folleto excelente titulado *Good for You, a Guide to Living as a Nonsmoker.* Recomienda que cuando alguien siente el deseo intenso de fumar, debe detenerse y repasar las razones que tiene para dejar de fumar. Las razones que siguen se encuentran en la lista de la mayor parte de la gente:

1. Deseo dar un buen ejemplo a mis hijos.
2. El cigarrillo da mal olor a mi ropa. También a mi cabello.
3. Fumar es malo para mi salud.
4. Deseo liberarme de la tos del fumador.
5. No deseo ser esclavo de un mal hábito. Quiero tener mayor control sobre mi vida.
6. Fumar es malgastar el dinero. No quiero gastar más dinero en un mal hábito.
7. Fumar en presencia de no fumadores me hace sentir incómodo.[7]

¿Teme aumentar de peso si deja de fumar? Antes

de someterse a una dieta dudosa, continúe las prácticas mencionada en los párrafos anteriores, comenzando con un buen desayuno, un almuerzo adecuado y una cena poco abundante.

Art Thompson, un joven cortés, educado, pero tímido, deseaba tener amigos. De modo que cuando un par de compañeros que trabajaban en la misma imprenta que él lo invitaron a que los acompañara a un bar, un viernes después del trabajo, él sonrió y contestó: "Encantado. ¿Por qué no?"

Ningún hombre se ha arrepentido jamás de haberse levantado de la mesa sobrio, con buena salud y con inteligencia".

Jeremy Taylor

Había algo en el lugar, en la gente o en las bebidas que lo hicieron sentirse a gusto. Debido a esto, comenzó a ir a ese lugar varias veces por semana para tomarse un trago, y a veces llevaba una bebida alcohólica para tomársela en la noche. El whisky se convirtió poco a poco en su compañero. Le ayudaba a olvidar sus problemas y su soledad en la gran ciudad de Allentown, Pensilvania.

Art no se dio cuenta de lo que le estaba sucediendo a su salud, a su cerebro, a su personalidad y a su futuro. Poco a poco se fue hundiendo más en la bebida.

Ya no le interesaba ir a la iglesia. A veces deseaba que le quedara más dinero para comprar una caja de chocolates o un hermoso ramo de flores para su novia, Margarita. La amaba y sabía que era correspondido. A veces ella le decía suavemente: "Art, te vas a sentir mejor si no te tomas ese trago".

Pero como tenía mucho tacto, nunca lo regañaba, y como era prudente, nunca fumaba ni tomaba bebidas alcohólicas. Art sabía que ella lo compadecía debido a su afición a la bebida. Transcurrieron los meses y pasaron algunos años, hasta que Art finalmente cobró suficiente valor para decirle: "Margarita,

te necesito. No podré vivir sin ti. Tengo 34 años. Es tiempo que nos casemos. Y tú eres la única mujer que me interesa. ¿Podemos vivir juntos el resto de la vida?"

Art vio en los tristes ojos de Margarita una mirada nostálgica y sintió que le apretaba la mano. Pero luego, tal como lo había temido, ella suspiró profundamente y dijo las siguientes palabras que destruyeron sus sueños: "Art, te amo. Pero odio el alcohol. Nunca me casaré con esa botella de licor. Tendrás que elegir entre mí y el alcohol".

"Trataré de hacerlo –prometió él-. Nunca podré renunciar a ti".

Art trató de abandonar la bebida, pero el alcohol y el tabaco le habían arruinado la fuerza de voluntad.

Desarrolló una tosecita seca. Se odiaba a sí mismo tanto como amaba a Margarita. Pensaba que podía hacer cualquier cosa para hacerla feliz y para tenerla consigo. Pero no tenía fortaleza para resistir las bebidas alcohólicas.

"El vino es escarnecedor, la sidra alborotadora, y cualquiera que por ellos yerra no es sabio" (Proverbios 20:1)

Art siguió viviendo solo. Y Margarita, siempre con la esperanza y el deseo de que cambiara, lo vio enflaquecer y debilitarse a medida que los tóxicos del cigarrillo y el alcohol destruían no sólo su cuerpo sino también su personalidad.

Art se repetía vez tras vez: "Si tan sólo pudiera comenzar de nuevo… ¡Nunca tomaría ese primer trago ni fumaría ese primer cigarrillo!"

Cierto día, mientras observaba a su sobrino de cuatro años que jugaba contento y feliz, lo llamó aparte y le dijo firmemente y con tono amenazador: "Luisito, si llego a sorprenderte fumando un cigarrillo, te propinaré una feroz paliza". Luisito corrió asustado; pero Art lo había amenazado, no porque odiara al chico, sino porque lo amaba demasiado como para permitir que el tabaco y el alcohol le quitaran su felicidad, salud y vida, como estaban haciendo con él.

Finalmente, cuando el cáncer destruyó los pulmones y el estómago de Art, él comprendió que era demasiado tarde; demasiado tarde para tener una familia feliz, demasiado tarde para tener una carrera de éxito y demasiado tarde para la vida.

¡Pobre Art! Debió haberse sentido como se sintió Robert McChesney cuando en los últimos momentos de su vida le confesó a un amigo: "Dios me dio un caballo y un mensaje. Lamentablemente, maté el caballo y ahora no puedo entregar el mensaje".

El alcohol es una droga engañosa. Obra primero sobre los centros nerviosos superiores en la parte frontal del cerebro, que controlan el pensamiento, el juicio y las decisiones.[8] También afloja las inhibiciones y proporciona un falso sentimiento de superioridad. Cuando se sigue bebiendo, el alcohol deprime los centros nerviosos de las regiones superior y lateral del cerebro, embota las sensaciones y torna más lenta la actividad muscular. Después de esto, afecta las regiones inferiores del cerebro que controlan la respiración y el latido del corazón. Cuando paraliza estas funciones, el bebedor se encuentra frente a la muerte. "No existe curación para el alcoholismo, a no ser la abstinencia".[9]

Pero no es demasiado tarde para que el bebedor se aferre al Poder que puede libertarlo de las cadenas del alcohol. Debe tomar una decisión urgente e ir en busca de él.

Un experimento que el Dr. U. D. Register, director del Departamento de Nutrición de la Universidad de Loma Linda, llevó a cabo con ratas, sugiere la forma como el régimen de alimentación del adolescente norteamericano promedio ayuda a desarrollar el gusto por bebidas alcohólicas antes que se dé cuenta de ello.

Dividió las ratas en dos grupos. Alimentó a un grupo con una dieta pobre en elementos nutritivos, que es característica de muchos adolescentes norteamericanos. Consistía en dos buñuelos dulces para el desayuno; un bocadillo dulce a las 10 de la mañana; al mediodía una salchicha, una bebida gaseosa y un pastel de manzana; a las 3:00 de la tarde, otro bocadillo dulce; y a la cena, albóndigas con tallarines, dos rebanadas de pan con salsa de ajo, habichuelas, ensalada y torta de chocolate. Finalmente, un bocadillo de tres galletitas rellenas y una barra de chocolate.

Alimentó al segundo grupo de ratas con una dieta lactovegetariana. Consistía en leche, una entrada vegetariana, papas, verduras, ensalada, pan, y otros alimentos similares.

Dio a cada rata dos botellas con agua, una con agua pura y otra con agua con 10 por ciento de alcohol.

Las ratas alimentadas con una dieta pobre en elementos nutritivos elegían con más frecuencia la bebida con alcohol, mientras que las ratas alimentadas con una dieta nutritiva, elegían el agua. Es evidente que una dieta deficiente aumenta el deseo de consumir bebidas alcohólicas.[10]

De esto se desprende que conviene aumentar la resistencia de los hijos contra las bebidas alcohólicas proporcionándoles un régimen alimentario adecuado y nutritivo, sin café ni condimentos.

J. S. Gill y sus asociados descubrieron otro peligro en el uso de bebidas alcohólicas. Sus estudios demuestran que el consumo intenso de bebidas alcohólicas es un factor de riesgo importante, aunque no reconocido, en el ataque de apoplejía en los hombres. Descubrieron que los bebedores empedernidos tienen cuatro veces más probabilidad de sufrir un ataque de apoplejía que los no bebedores.[11]

> **Dios no realizará un milagro para impedir que se enfermen los que no se cuidan a sí mismos, sino que continuamente violan las leyes de la salud y no realizan ningún esfuerzo para prevenir la enfermedad".**
>
> Elena G. de White

Si el lector bebe, debiera no sólo por su propio bien sino también por el bien de sus hijos, unirse a los miles de personas que están dejando de beber. El Dr. Greg Goodchild, director del Programa de Lucha Contra la Dependencia del Alcohol y las Drogas, del Hospital de Loma Linda, California, dice que la dependencia de sustancias químicas se transmite de padres a hijos. El me puso en contacto con Craig Richards, que es un caso típico de una persona que depende de las drogas. El me contó la siguiente historia:[12]

"Mi padre era un bebedor –me dijo-. Y mi madre ha usado drogas durante más de 20 años. Ella ni siquiera se da cuenta porque usa sólo drogas prescriptas por los médicos, pero de todos modos es adicta.

"Crecí en un ambiente en el que todos dependían de las drogas, donde había pobreza de juicio, autocontrol deficiente, falta de seguridad y desconfianza en los adultos.

"Cuando cumplí 18 años me fui al ejército, donde podía conseguir fácilmente bebidas alcohólicas y cigarrillos. En la noche me llevaba más de 20 latas de cerveza y algunas drogas a mi dormitorio. Cuando me llevaron a Vietnam, durante la guerra, comencé a fumar mariguana y a escuchar música rock.

"Cuando regresé a los Estados Unidos, me arrestaron por manejar en estado de ebriedad, de modo que comprendí que las bebidas alcohólicas y la conducción de vehículos no van juntas. ¿Sabe usted lo que hice?"

Se echó a reír. Recordemos lo importante que es la licencia de conductor para un joven de 20 años.

"Estaba tan enviciado con las drogas que dejé de manejar durante varios meses.

"El alcohol y las drogas son importantes para un adicto.

"Pero a pesar de mis antecedentes familiares, de mi fuerte dependencia de las drogas y del efecto que el alcohol ejercía sobre mí, Dios me alcanzó por medio de varias experiencias, una de las cuales parece increíble.

"Una noche, mientras me encontraba ebrio, manejé un automóvil 30 kilómetros con el freno de la rueda delantera izquierda trabado. Fundió el mecanismo de la rueda hasta el eje mismo. Cuando bajé y vi lo que había sucedido, me pregunté por qué no se había desprendido la rueda.

"Eso realmente me sacudió, y comencé a pensar en mi condición. Hasta empecé a leer la Biblia. Dios me concedió la fuerza necesaria para desprenderme de las garras del alcohol y el tabaco. Desde la ocasión cuando oré: 'Señor, tengo un problema, y no puedo luchar solo contra él, te necesito', desapareció en mí el deseo de fumar y de tomar bebidas alcohólicas. Seguí los doce pasos del programa de Alcohólicos Anónimos y Dios me dio un nuevo

corazón, nuevos intereses y nuevos objetivos".

El Dr. Goodchild me dijo que la hijita de Craig, con tres generaciones de adictos a las drogas detrás de ella, tiene 80 por ciento de probabilidad de convertirse en drogadicta. Sin embargo, Craig está haciendo todo lo posible para proporcionarle un ambiente adecuado. Volvió al colegio, terminó una carrera y ha dedicado su vida a promover el plan de Dios para ayudar a los drogadictos.

La Organización de los Alcohólicos Anónimos ayuda a hombres y mujeres que desean vencer el hábito del alcohol. Es fácil encontrar su dirección en el libro de teléfonos. Tienen un sistema de apoyo y los siguientes doce pasos que pueden ayudar a quienes han sido víctimas de las bebidas alcohólicas:

1. "Admitimos que no tenemos poder sobre el alcohol, que nuestras vidas se han tornado ingobernables.

2. "Hemos llegado a creer que un poder superior a nosotros mismos puede restaurarnos a la sensatez.

3. "Decidimos entregar nuestra voluntad y nuestras vidas al cuidado de Dios, según la forma como lo concebimos.

4. "Hicimos un examen de nosotros mismos y un cuidadoso inventario moral.

5. "Admitimos ante Dios, ante nosotros mismos y ante otro ser humano la exacta naturaleza de nuestros yerros.

6. "Estábamos completamente dispuestos a que Dios eliminara estos defectos de carácter.

7. "Le pedimos humildemente que quitara nuestras faltas.

8. "Hicimos un lista de todas las personas a quienes habíamos perjudicado, y estuvimos dispuestos a hacer restitución a todas ellas.

9. "Hicimos restitución directa a todas esas personas siempre que ello fue posible, excepto en los casos en que hacerlo las habría perjudicado a ellas o a otras personas.

10. "Continuamos haciendo un inventario personal, y cuando hemos estado en error lo hemos admitido prontamente.

11. "Mediante la oración y la meditación hemos procurado mejorar nuestro contacto consciente con Dios en la forma como lo concebimos; hemos orado para obtener conocimiento de su voluntad para

nosotros y el poder para llevarlo a cabo en nuestras vidas.

12. "Por haber experimentado un despertar espiritual como resultado de estos pasos, tratamos de llevar este mensaje a los alcohólicos y de practicar estos principios en todas nuestras transacciones".

El grupo Al-Anón presta mucha ayuda a los cónyuges y a los hijos de alcohólicos. Puede ayudar a comprender, a obtener valor y fortaleza a fin de hacer frente a los problemas de los alcohólicos y sus familias. Recuerde que Dios tiene todas las respuestas. El también está esperando para ayudarle.

Pero es mucho mejor ayudar a nuestros hijos a prevenir la dependencia de las drogas. La Dra. Patricia Mutch, directora del Instituto de Alcoholismo y Dependencia de Drogas de la Universidad Andrews, encontró en su estudio que "los jóvenes que participaban en alguna clase de experiencia religiosa tenían menos probabilidad de usar drogas".

"Entre los que han usado drogas en el pasado, el uso ha sido notablemente menor cuando el o la adolescente había participado en:

1. "El culto de la familia.
2. "Concursos de temperancia.
3. "Compartir su fe con otra persona.

"Entre los que actualmente usaban drogas, su uso era notablemente menor cuando participaban en:

1. "El culto de la familia.
2. "Programas sociales patrocinados por la iglesia.
3. "Oración personal".[13]

Nunca debiéramos despreciar a las personas que son intemperantes, porque la temperancia es más que decir "no" a las bebidas alcohólicas, a las píldoras, a los polvos y a otras sustancias perjudiciales. También significa evitar el exceso de trabajo, el exceso en las comidas y el exceso en el ejercicio. Incluye, además, evitar actividades dañinas como manejar toda la noche, leer libros excesivamente excitantes o hacer cualquier cosa que disminuya le energía del organismo. Incluye dejar a un lado cualquier cosa que aumente el nivel de estrés, como las preocupaciones.

Descubrí esto una mañana fatal. Un familiar que estaba gravemente enfermo necesitaba inmediatamente un medicamento. Yo ya tenía un programa bien recargado para ese día. Pero de todos modos, con la mente ocupada en mil cosas, corrí a mi automóvil, fui rápidamente a la farmacia, conseguí el remedio e inicié el viaje de regreso.

Sin embargo, sucedía que esa misma mañana un joven amigo mío vacilaba al borde de una trágica decisión. Temía que su elección arruinara su vida. Comprendía que la misma fácilmente podía privarlo de la felicidad futura, de su relación con la iglesia y posiblemente de su oportunidad de alcanzar la vida eterna.

Tenía que orar acerca de todas esas cosas, de manera que mientras conducía dediqué todo mi corazón y mi alma a decirle a Dios unas pocas cosas que pensaba que él debía hacer.

Pensé que tenía los ojos abiertos. Pero en mi apresuramiento y preocupación, no vi una señal de parada o alto que había a mi derecha, ni el automóvil que venía de mi lado izquierdo. Como resultado, chocamos violentamente. Afortunadamente nadie resultó herido.

Es conveniente llevar nuestros problemas a nuestros amoroso Padre celestial. Pero bajo la tensión de las circunstancias, yo me había olvidado de que hay un tiempo para cada cosa.

Es evidente que ese era el tiempo cuando debía haber estado observando el tránsito. En ese caso, no apliqué los principios de seguridad de la temperancia, en la misma forma como no lo hace el conductor ebrio.

[1] Michael Young y Doug Williamson, en *Psychological Reports,* en Reader´s Digest, diciembre de 1987, p. 34.

[2] J. C. Dousser, J. B. Gutierres, y N. Dousser, *The Lancet,* 13 de diciembre, 1986, p. 1393.

[3] William L. Wis, "Smoking and Unemployment", *Ministry,* Noviembre, 1987, p. 26.

[4] *Ibíd,* p. 27.

[5] Ralph Blodgett, "Interview with Dr. C. Everett Koop, Surgeon General of the US", *Vibrant Life,* Noviembre/Diciembre de 1985, p. 18.

[6] J. Wayne McFarland, M.D. "How to Stop Smoking", número especial de *Vibrant Life,* pp. 16-19.

[7] U.S. Department of Health and Human Services, *For Good, a Guide to Living as a Nonsmoker,* p. 6

[8] Mervyn G. Hardinge, *A Philosophy of Health,* p. 114.

[9] *Ibíd.*

[10] *Ibíd.,* p. 110.

[11] S. Gill y asociados, "Stroke and Alcohol Consumption", *The New England Journal of Medicine,* 16 de octubre, 1986, p. 104.

[12] Entrevista con Greg Goodchild, director del Clearview Alcohol and Drug Dependency Program del Loma Linda Community Hospital, Loma Linda, California.

[13] Patricia Mutch, Ph.D., R.D., "Chemical Dependency: Impact on Youth", *Adventist Review,* 19 de noviembre, 1987, p. 10.

Recurso 4

EL DESCANSO

"¿Qué hicieron hoy de divertido?", pregunté a mis hijos cuando regresaron de la escuela.

"Oh, yo escribí mi diario –contestó Kristy, de ocho años, con una feliz sonrisa-. Escribí acerca de nuestro viaje a la isla Catalina, de la lancha, de las olas y de toda la diversión que tuvimos". Mis hijas mayorcitas dijeron que habían disfrutado de momentos agradables con sus amigas, que los recreos habían sido buenos, pero no manifestaron el gozo total de vivir que Kristy había revelado.

¿Está usted siempre de prisa? ¿Corre de un trabajo a otro, sin dedicar nunca tiempo para disfrutar de lo que está haciendo? Yo no me había dado cuenta del apresuramiento que había en mi vida hasta el día cuando comenzamos a empacar nuestras cosas para regresar a los Estados Unidos, después de haber pasado cinco años en un colegio del Oriente. Cuando corrí al edificio de administración para entregar algunos documentos, me encontré con el preceptor de los varones.

"¡Buenos días, Sra. Jones!", me dijo.

"¡Buenos días! ¿Cómo está usted?", le dije apresuradamente.

"Usted siempre anda tan apurada –comentó-. En estos cinco años nunca la he visto caminar. Usted siempre corre".

"Venid vosotros aparte a un lugar desierto, y descansad un poco" (Marcos 6:31).

"¿Será verdad que ando siempre tan apurada?", me pregunté. Decidí comprobarlo por mí misma, temiendo que él tuviera razón. ¡Y tenía razón! Descubrí que andaba siempre de prisa. Iba apresuradamente de un lugar a otro para hacer mis tareas. Pasaba sin aflojar el paso de un día cansador a otro día agotar.

Necesitaba hacer lo que hacía Kristy: dedicar tiempo a disfrutar de la vida.

Necesitaba recordar que debía dedicar tiempo para vivir, tiempo para pensar, tiempo para sonreír y tiempo para jugar. ¡Necesitaba tiempo para divertirme!

Debía haber aflojado el paso años antes. Pero resulta extraño que no comprendía lo que estaba perdiendo con mi apresuramiento constante, ni tampoco el estrés que estaba añadiendo a mi vida y el aumento innecesario en la presión de la sangre.

¿Cómo pasa usted su tiempo libre? El aburrimiento puede producir estrés, especialmente si usted se siente culpable por no realizar algo que sea importante en cada minuto. Si esta es su manera de pensar, tal vez usted necesita, lo mismo que yo, reconsiderar sus prioridades.

¿Pasa momentos divertidos con sus hijos todas las noches antes que se acuesten? ¿Tiene una noche familiar una vez por semana? ¿Dedica un fin de semana a la familia una vez por mes? ¿Tiene una vacación feliz una vez por año?

Esos momentos de diversión y relajamiento con su familia pueden producirle dividendos mayores de lo que usted ahora imagina. Es en esos momentos cuando nuestros valores sociales y espirituales se transmiten a nuestros hijos, y cuando los cónyuges afirman los vínculos que los unen. Los recuerdos de esos momentos pasados juntos fortalecerán y guiarán a sus hijos cuando se hagan adolescentes y cuando tengan que tomar importantes decisiones, decisiones que determinarán su felicidad y salud para toda la vida.

Descanse; un campo que ha descansado produce una abundante cosecha".

Ovidio

Para descansar y relajarse no siempre es necesario acostarse en la cama. Puede hacerlo en el suelo. Haga el siguiente ejercicio: cierre los ojos con fuerza y luego relaje esos músculos. Hágalo varias veces. Luego ponga tensos los músculos del cuello y los hombros, y después relájelos; hágalo varias veces. A continuación apriete los puños y luego abra la mano; repítalo varias veces.

Luego proceda a poner tensos los músculos de los brazos, del abdomen, de las piernas y de los pies, y luego relájelos. Hágalo varias veces. Luego dedique diez minutos o más a permanecer acostado y a disfrutar de la sensación de la relajación.

¿Cómo pasa las noches? ¿Y los fines de semana? ¿Se pone tenso mirando noticias que infunden espanto, de niños que mueren de hambre, de operaciones militares, de calamidades, o bien partidos de fútbol que ponen los nervios de punta? ¿O bien dedica un a hora o dos a practicar un pasatiempo favorito que lo llene de gozo?

Recuerde que las actividades que le producen gozo son las que también le dan descanso, y por lo tanto son beneficiosas para su vida.

Tal vez le agrade hacer trabajo de carpintería. O bien pintar. Si le agrada tocar algún instrumento

musical, dedique tiempo a ello. Eso le permitirá aflojar la tensión que hay en su vida.

También es conveniente practicar algún pasatiempo que lo ponga en contacto con la gente. Asimismo necesita un pasatiempo del que pueda disfrutar a solas en un día lluvioso, cuando se ve obligado a permanecer en casa. Necesita uno para el verano, cuando el sol brilla, las flores esparcen su fragante aroma y las avecillas cantan. Las damas pueden practicar costura, bordado, tejido con palillos, tejido con crochet, y pintura. Todo eso les proporcionará descanso y paz, y pondrá hermosura en su vida.

Estas actividades creadoras no son solamente para las mujeres. El Dr. George Bowers, director general del Colegio de Walla Walla, en la costa occidental de los Estados Unidos, en cierta ocasión viajó en tren para asistir a una importante reunión que se realizaría en la ciudad de Washington, en la costa este. Durante el viaje, su compañero de asiento, que deseaba mostrarse amistoso, sacó un paquete de cigarrillos y le ofreció uno.

—No, muchas gracias. No fumo – dijo el Sr. Bowers.

El otro se puso a fumar durante un rato. Luego abrió su maletín y sacó un mazo de cartas y lo invitó a jugar una partida.

El Sr. Bowers sacudió negativamente la cabeza y le dijo con una sonrisa que no jugaba a las cartas.

Su compañero de viaje manifestó cierto grado de sorpresa y permaneció silencioso durante un rato. Luego se le ocurrió otra idea. Sacó una botella de whisky y le ofreció un trago, mientras le decía:

—¿Desea tomarse un trago?

—No, se lo agradezco, pero no bebo.

—Entonces, ¿qué hace usted? –explotó el otro–. ¿Acaso teje?

—Efectivamente, me gusta tejer –le dijo el Sr. Bowers a su sorprendido interlocutor.

El Sr. Bowers había tejido varios trajes elegantes para su esposa, y numerosos suéteres, que había regalado.

Tengo una sobrecama tejida por el Sr. Bowers, que él hizo para mí mientras se recuperaba en el hospital después de sufrir un ataque de corazón. Disfrutaba con esa actividad tanto como con el trabajo de carpintería al cual también era aficionado.

Otro caso es el de un vecino nuestro a quien llamamos "el hombre de los guantes".

Cuando llegó a nuestro vecindario procedente de Alaska, continuó con su proyecto de tejer guantes. Hasta la fecha ha tejido y regalado a sus amigos más de mil pares de guantes.

Otro pasatiempo recreativo que está adquiriendo mucha popularidad en los Estados Unidos, en los países europeos y en algunos países sudamericanos, son los viajes en vehículos para acampar. La gente sale en ellos, se dirige a un parque nacional, a un bosque, a la playa o a otro lugar hermoso, levanta sus carpas y pasa algunos días al aire libre. Los padres se divierten con sus hijos en los lagos, en los ríos, en la montaña, mientras pescan, hacen caminatas, se sientan tranquilamente en troncos para descansar o bien navegar en sus lanchas.

Nuestra elección de pasatiempo puede contribuir a salvarnos la vida antes que las tensiones precipiten un ataque de corazón o alguna otra enfermedad.

Haríamos bien en seguir el ejemplo de la mujer que celebraba sus cien años de vida. Cuando alguien le preguntó la razón de su longevidad, replicó: "Cuando trabajo, trabajo duramente; cuando me siento a descansar, lo hago bien relajada".

Necesitamos aprender a relajarnos.

El Dr. Charles Thomas, que trabaja en el Centro Banning para la Educación de la Salud, insiste en que las personas que reciben tratamiento hidroterápico en ese centro deben descansar durante media hora. Afirma que durante esa media hora aumenta el número de glóbulos blancos de la sangre en forma notable.[1] Eso significa que el número adicional de glóbulos blancos que entran en actividad contra los gérmenes prejudiciales, también aumenta la resistencia contra la enfermedad. La próxima vez que tenga resfrío, procure descansar más. Eso contribuirá a acortar su enfermedad.

Una persona excesivamente cansada no puede pensar correctamente. Los desechos se acumulan no solamente en los músculos sino también en el cerebro. El descanso, o bien un cambio de actividad, puede ayudar a tornar a la persona más alerta y a reponer sus fuerzas.

Para obtener el mayor beneficio del sueño, necesitamos hacer planes anticipados y dejar nuestros problemas y preocupaciones en la oficina o en la fábrica. La cantidad de descanso que obtengamos del sueño depende de nuestra capacidad para desprendernos de las cargas y tensiones a fin de echarlas sobre el Dador de la vida.

El sueño adecuado nos puede ayudar a sentirnos renovados, y a tener la mente alerta y clara a fin de tomar las decisiones convenientes.

La obtención de sueño adecuado es una buena forma de programar los doce mil millones de neuronas del cerebro a fin de obtener las respuestas acertadas para nuestros problemas.

"El descanso y el éxito van juntos".

W. G. Benham

¿Cuántas horas de sueño obtuvimos anoche? ¿Nos quedamos despiertos mirando la película de la medianoche? ¿Nos quedamos en una fiesta más tarde de lo que habíamos planeado? ¿Pasamos el tiempo preocupándonos con los errores del pasado? ¿O bien nos acostamos a una hora conveniente?

El Dr. W. Proctor Harvey, de la Universidad de Georgetown, clasifica a la gente en tipos A, B, C y D. Según esta clasificación, si somos del tipo A, estamos alerta y activos en la mañana y al atardecer nos sentimos lentos e inactivos. Los que pertenecen al tipo B se encuentran más despiertos y activos en la noche. Los del tipo C funcionan igualmente bien en la mañana y en la noche, y los del tipo D no funcionan bien en ningún momento.

El dice: "Debiéramos prestar atención al tipo al que pertenecemos, y de ser posible, debiéramos llevar a cabo nuestro trabajo y nuestros momentos de reflexión más importantes durante el tiempo en que estamos más alerta, en lugar de hacerlo cuando sentimos sueño y estamos desganados".[2]

El sueño es importante porque restaura el organismo. Reconstruye las células de los músculos (incluyendo el músculo del corazón), de los riñones, de la médula ósea, del estómago y del cerebro.

Si nos torcemos un tobillo, si nos cortamos o si tenemos una fractura, nos recuperaremos con mayor rapidez si dormimos horas adicionales.

Por eso se ha llamado al sueño el gran restaurador. El sueño nos prepara para funcionar con mayor rapidez, exactitud y eficiencia tanto física como mentalmente. Elimina la fatiga y es uno de los restauradores cerebrales más eficaces de la naturaleza. Durante el sueño, los sistemas circulatorio y linfático continúan arrastrando los desechos orgánicos hacia la piel, los riñones y los pulmones, donde son eliminados. También depositan en el cerebro una nueva provisión de glucosa y oxígeno, que las células necesitan para su funcionamiento adecuado.

Experimentamos dos clases de sueño: el que se caracteriza por movimientos lentos de los ojos y el que se caracteriza por movimientos rápidos de los ojos. Poco antes de dormirnos podemos experimentar una sensación de flotar en el espacio o bien de que nuestros pensamientos se van apagando poco a poco.

Luego, al cabo de uno a siete minutos, caemos en un sueño profundo. No soñamos durante este período. En esta fase del sueño se produce una recuperación de los músculos y el reposo de las células cerebrales.

Pero cuando entramos en la fase del sueño de movimientos rápidos de los ojos, el cerebro se torna más activo. Separa, analiza y archiva nueva información. Esta actividad mejora nuestra capacidad para aprender y nuestra memoria, y nos ayuda a realizar ajustes emocionales sicológicos. Nos permite resolver problemas y adquirir una perspectiva mejor de situaciones difíciles.[3] Esta etapa de movimientos rápidos de los ojos ocurre cada 70 a 90 minutos durante el sueño.[4] De modo que en la noche experimentamos cuatro o cinco períodos de esta clase. Pero resulta interesante notar que hacia el amanecer se acortan los períodos de movimientos lentos de los ojos y se alargan los de movimientos rápidos.

Si dormimos solamente seis horas, el cuerpo puede estar descansado, pero el cerebro todavía necesita esos períodos más largos de movimientos rápidos de los ojos.[5] No debiéramos tomar píldoras para dormir sin que el médico las recete, y eso únicamente cuando sea necesario. El uso de barbitúricos puede suprimir los sueños, que son una parte muy importante del sueño normal. En ese caso la persona no siente que ha descansado y cada vez

depende más de la medicina.[6]

La mayor parte de los adultos encuentran que piensan con mayor claridad y realizan más durante el día cuando han tenido ocho horas de sueño. Pero algunos requieren nueve o diez horas para sentirse mejor y tener un rendimiento máximo.

Cuando nos sintamos tentados a permanecer levantados para mirar la película de la medianoche, o realizar alguna otra actividad, debemos recordar que no podemos reemplazar nuestro cerebro lo mismo que se cambia la batería de un automóvil; en cambio podemos ir a dormir y renovar su carga vital, en la misma forma como se carga una batería. Algunos investigadores creen que el sueño refuerza la estructura del carácter y que los sueños son necesarios para el mantenimiento de la buena salud mental. Un respetado profesor de Biblia con frecuencia aconsejaba a sus alumnos lo siguiente: "Nunca realicen decisiones importantes tarde en la noche. Esperen hasta la mañana siguiente, cuando están descansados y tienen la mente clara".

Aunque no nos demos cuenta de ello, soñamos cada 90 minutos mientras dormimos. Los sueños son un factor importante que facilita el aprendizaje y la buena memoria.

¿Cuánto sueño necesitamos? Puede ser que pensemos que no necesitamos tanto como el resto de la gente, pero tal vez nuestro cónyuge puede decirnos que somos más agradables cuando dormimos de siete a nueve horas. Una persona que siente sueño no funciona bien en sus relaciones interpersonales ni tampoco es eficaz en su trabajo.

Sherry y Ted descubrieron en forma dura la importancia de cuidar el organismo. Después de casarse hablaban con entusiasmo de ir a trabajar como misioneros en el extranjero. Esperaban con ansias el momento de empaquetar sus cosas para dirigirse a su nuevo lugar de trabajo. Pero un examen médico reveló que Sherry no se encontraba preparada física ni emocionalmente para hacer frente a las exigencias de ese trabajo.

Confesó muy afligida que durante sus años de universidad había soportado pesadas cargas con muy poco descanso. Eso afectó su organismo y tuvo que pagar el precio de no poder llevar a cabo su mayor ambición, que era servir en el campo misionero.

Michelle fue más afortunada, aunque también

aprendió tras una dura experiencia.

Al comienzo de un año escolar, cierta vez se quedó conmigo después de la clase para conversar. La noté muy nerviosa y preocupada, de manera que la invité a mi oficina y le pregunté en qué podía ayudarla.

-Temo que no me permitirán seguir estudiando –dijo llena de temor.

-¿Y por qué no? -le pregunté.

- Porque me está yendo mal en mis estudios. Sé que no me dejarán continuar –dijo con lágrimas en los ojos.

-¿Estás estudiando tus lecciones?

-Sí, lo estoy haciendo –dijo.

-¿Estudias suficiente? –quise saber.

-Sí, estudio todo el tiempo – contestó.

-¿Tomas desayuno?

-No. No tengo tiempo para eso. Estudio matemáticas a la hora del desayuno.

-¿Cuánto duermes cada noche?

-No mucho. Tengo demasiadas cosas que hacer –contestó Michelle.

-¿Estás llevando la clase de gimnasia?

-No. También necesito ese tiempo para estudiar –dijo ella.

-¿Caminas, corres o andas en bicicleta a manera de ejercicio? –pregunté.

Me miró con cara de sorpresa y no dijo nada.

Hablamos acerca del valor del sol, del aire libre, del ejercicio, del tiempo que debemos dedicar a relacionarnos con Dios, de la alimentación abundante y de buena calidad, del agua y del reposo. Le expliqué que cuanto más estudiaba, tanto más descanso necesitaba su cerebro, y que había tanta mayor necesidad de cambiar de actividad. Cuanto más sus músculos permanecían inactivos, tanto mayor era la necesidad de acción que tenía. Cuanto más trabajaba y utilizaba el azúcar de la sangre, tanto más necesitaba alimentarse.

Diversos estudios realizados demuestran que el ejercicio físico, como las clases de gimnasia, la natación, las caminatas, etc., no son una pérdida de tiempo. Son una ventaja porque mejoran el funcionamiento del cerebro.

Luego le dije a Michelle que regresara a su habitación y que preparara un plan de actividades para cada día de la semana, comenzando con sus devociones personales matutinas. Le dije que incluyera por lo menos dos comidas abundantes y que no comiera entre las comidas. Le dije también que incluyera tiempo para hacer ejercicios al aire libre y para estudiar cada lección que le fuera asignada.

-Ven a verme la semana que viene a fin de contarme cómo lo estás pasando –le dije.

-Así lo haré –afirmó-. Le agradezco por sus buenos consejos.

Cuando me encontré con Michelle algunos días después, no necesité hacerle ninguna pregunta. "Me está yendo mucho mejor –me dijo con una sonrisa llena de gozo-. Me ha ido muy bien en los exámenes y creo que me dejarán continuar estudiando".

El cerebro y el cuerpo de Michelle trabajaron juntos y la prepararon para que llevara a cabo una carrera de éxito.

También nosotros podemos descubrir que nuestro cerebro trabaja mejor si nuestro cuerpo está fuerte.

Cuando tenemos buena salud y nos sentimos bien con nosotros mismos, podemos realizar mucho más en el mismo período de tiempo y sin cansarnos.

Los investigadores nos aconsejan que si en alguna ocasión no podemos ir a dormir a la hora acostumbrada, a la mañana siguiente no debiéramos permanecer en la cama lamentándonos e inventando excusas cuando es el tiempo de levantarse. En cambio, debemos levantarnos a la hora acostumbrada. Luego, en la noche, nos sentiremos deseosos de acostarnos temprano a fin de descansar bien.

Cuando es necesario realizar un viaje largo en avión, es mejor hacerlo durante el día a fin de ajustarse con más facilidad al cambio de hora.

Al parecer los factores sociales y los planes de trabajo afectan mucho el ritmo de adaptación del cuerpo.[7] Las personas que trabajan en la noche y tienen una o dos noches libres en la semana, pueden encontrar que su cerebro y su cuerpo funcionan mejor si se adhieren hasta donde les es posible al programa regular de descanso. Aun los que trabajan durante el día funcionan mejor y se sienten más a gusto cuando mantienen con regularidad el programa diario de descanso, actividad y alimentación.

Las personas que tienen dificultad para dormir, pueden hacer varias cosas antes de acudir a las píldoras de dormir.

A continuación damos algunos ejemplos:

1. Acuéstese a la misma hora cada noche.
2. Tome un baño de lluvia caliente.
3. Oscurezca la habitación y ajuste la temperatura.
4. Abra una ventana para recibir aire fresco.
5. Elimine todos los ruidos, a menos que necesite el ruido de un ventilador, el tic tac de un reloj o algún otro ruido para quedarse dormido.
6. Lea algo que le produzca paz y tranquilidad, como la Biblia o algún libro de contenido espiritual animador.
7. Olvídese de sus preocupaciones. Recuerde que Dios le proporciona ayuda para resolver sus problemas.

El Dr. O. A. Battista, un investigador químico, limpia su cerebro para dormir. "Mi rutina personal –dice– consiste en imaginar un cesto de papeles junto a mi cama, y a medida que los pensamientos inapropiados se presentan, los descarto mentalmente arrojándolos al cesto. Tan pronto como se llena el canasto y se desocupa mi mente, me duermo sin ningún inconveniente".

Cuando ocasionalmente tengo algún problema para dormir, me gusta repetir promesas bíblicas. Eso me serena, y pronto me quedo dormida.

Procuremos dormir todo lo que sea necesario, porque el sueño contribuye a mantener la buena calidad de la vida.

---

[1] Entrevista con Charles S. Thomas, Nov. 23, 1987.

[2] Dr. W. Proctor Harvey, "Sleep –Absence Makes the Heart Grow Fonder", *Medical Times,* junio de 1979, p. 17.

[3] Dr. Jean Hayter, "The Rhythm of Sleep", *American Journal of Nursing,* marzo de 1980, p. 458.

[4] Kristine Adam, "A Time for Rest and a Time for Play", *Nursing Mirror,* 6 de marzo de 1980, p. 17.

[5] Hayter, obra citada.

[6] *Medical Times,* vol. 107, No. 6, p.32.

[7] Dr. Elliot D. Weitzman, y Dr. Carlos P. Pollak, "Disorder of the Circadian Sleep –Wake Cycle", *Medial Times,* junio de 1979, p.85.

EJERCICIO

"Juan llegó a casa tenso, intranquilo e irritable. Como gerente de una gran firma comercial, había pasado el día entero tratando, infructuosamente, de arreglar un serio desacuerdo entre dos de sus principales jefes de departamento. Al llegar a casa sintió la necesidad de aclarar su mente, después de luchar con el tránsito durante 45 minutos en su camino de regreso.

"Después de colocarse sus zapatillas para correr, Juan salió a trotar por 30 minutos por los sederos de tierra que quedaban detrás de su casa. Al regresar, se sentía un hombre completamente diferente. Sentía la mente relajada, su ánimo había mejorado y la tensión acumulada durante el día había desaparecido. Después de practicar algunos ejercicios de enfriamiento y darse un baño, Juan disfrutó de una alegre velada con su familia.

"Diana se sentía deprimida. Acababa de recibir una calificación baja en el examen de bioquímica, y puesto que cursaba los estudios de primer año de la carrera de medicina, estaba tremendamente preocupada por la posibilidad de que no le permitieran continuar en el programa. Salió para dar una enérgica caminata por los cerros que quedaban cerca de la escuela. Cuando regresó a su dormitorio, el ánimo de Diana había mejorado, se había acabado su depresión y se sentó en su escritorio con la nueva determinación de seguir adelante con sus estudios".[1]

¿Puede el ejercicio realmente contribuir tanto para vencer la ansiedad y la depresión? Al leer este capítulo usted se sentirá sorprendido de conocer los beneficios extraordinarios que reporta el ejercicio.

Richard Kegley, dos veces campeón mundial de carrera para competidores de su edad, se refirió a los muchos beneficios que proporciona un programa regular de ejercicio.

Para él había significado bajar a su peso ideal, lo cual le había permitido gozar de mayor fuerza y resistencia. Dijo él: "Las alergias, el asma y las medicinas han desaparecido. Mi presión sanguínea se mantiene en 120/70. El médico que me atiende me ha dicho que eso es excelente. La acción de correr ha aumentado mi resistencia también. Otra cosa: ahora puedo volver a leer asuntos que ya había leído muchas veces, pero descubro en ellos cosas que nunca antes había visto".[2]

¿Se interesa usted en el ejercicio porque se propone perder peso? Si así es, se alegrará de saber que el ejercicio realizado por la mañana produce una pérdida de peso mayor que la misma cantidad de ejercicio hecho por la noche.[3] Otra ventaja de hacerlo por la mañana es el hecho de que resulta más fácil llevarlo a cabo a esa hora. Si lo planea para la noche, durante todo el día puede suceder algo que deba atender a la hora de ejercitarse.

El Dr. Lee S. Berk, profesor asistente de investigación en patología, de la Universidad de Loma Linda, California, descubrió que "en los corredores y

en otras personas que hacen ejercicios en forma regular, una hormona endocrina llamada endorfina beta se destaca en forma distinta de lo que sucede con la gente de hábitos sedentarios. La endorfina beta es una sustancia natural opiácea (mata el dolor), que no solamente alivia el dolor y hace sentir bien a la persona, sino que también ayuda a reducir la presión de la sangre, los latidos del corazón y la respiración".[4,5,6]

Si usted o algún miembro de su familia es un estudiante, anímelo a incluir una clase de natación en su programa de estudio. Este es un ejercicio aeróbico excelente y un estudio realizado entre las personas que lo practican demostró que éstas sufrían de menos tensión, depresión, enojo y confusión, a la vez que gozaban de un mayor grado de vigor que los que no practicaban la natación.[7]

Otros informes indican que, como en el caso del corredor Dick Kegley, la memoria y las funciones intelectuales mejoran con un programa de caminar o trotar.[8] Diversos investigadores han descubierto que hay un aumento de las ondas alfa durante el ejercicio. Estas son las ondas cerebrales que se asocian con un estado de relajación parecido al de la meditación. Ellos consideran que este hecho contribuye a explicar de qué modo el ejercicio reduce la ansiedad y la depresión.[9]

> # "Si quieres saber si tu cerebro está flojo, tiéntate las piernas".
>
> Bruce Barton

Así que la próxima vez que se sienta deprimido, o presa del estrés, podrá encontrar alivio realizando una caminata vigorosa al aire libre.

Los fisiólogos también han descubierto que cuando se hace ejercicio, la médula de los huesos fabrica glóbulos rojos en forma más acelerada. Esto es importante, porque los glóbulos rojos de la sangre acarrean oxígeno fresco al cerebro y a todas las partes del cuerpo.

Otro buen resultado que produce el ejercicio consiste en el aumento de velocidad del flujo de la linfa, con lo cual se eliminan los productos de desecho que de otro modo harían que la persona se sintiera desganada.

Hay otros ejercicios sencillos que pueden contribuir a que una persona se sienta mejor, aparte de correr, trotar o caminar. Si usted trabaja sentado, descubrirá que la repetición alternada de encogimiento y relajación de los hombros, durante algunos minutos, es una forma fácil de disminuir la tensión, los dolores musculares y los dolores de cabeza. Para prevenir los coágulos de la sangre es importante ponerse de pie por lo menos una vez cada hora y caminar durante algunos momentos.

La próxima vez que se sienta tenso, trate de dar una caminata rápida. En lugar de sentirse más cansado y más tenso, descubrirá que la tensión comienza a desaparecer. El Dr. Nathan Pritikin les explicaba a sus pacientes que los músculos inactivos almacenan fuertes cargas eléctricas que mantienen despierta a la persona, pero que con el ejercicio "esos voltajes se pueden descargar y los músculos se relajan. Lo que hacen los tranquilizantes es precisamente disipar esas cargas eléctricas en los músculos". Piense cuánto mejor le hace a usted una caminata rápida que tomar tranquilizantes con todos sus efectos secundarios.

Necesitamos balancear nuestras emociones con movimientos. ¿Cómo lo podemos hacer?

Supongamos que usted se enoja con su esposa o con alguna otra persona. En lugar de pelearse con ella y de proferir palabras hirientes que más tarde lamentará, pueden salir juntos y jugar un partido de tenis para promover la producción de hormonas que contribuyen a la felicidad. El ejercicio consumirá el exceso de cargas eléctricas producidas por su enojo, calmará sus emociones y como resultado, fortalecerá sus relaciones.

Un escritor cristiano se atreve a sugerir que si alguien está enojado, obtendrá más provecho de partir una carga de leña que de sentarse en una reunión de oración.

¿Se ha preguntado usted cuánto ejercicio es suficiente? Tal vez la respuesta sería diferente para cada persona, porque depende de lo que usted se propone con el ejercicio que realiza. Si su objetivo es llegar a ser un campeón de carreras, entonces tendrá que

dedicar mucho tiempo a correr. Necesitará recibir el consejo de su médico y velar su progreso cuidadosamente, tomando en cuenta su actividad, su salud y sus objetivos.

Sin embargo, para obtener el mayor provecho de su ejercicio, su disposición debe ser correcta.

Si usted es una persona sedentaria, probablemente puede extender su vida en varios años mediante ejercicios aeróbicos regulares, tales como caminar con energía, trotar o correr, nadar o andar en bicicleta.

Pero si considera que no es una persona ni sedentaria ni activa, sino una especie de término medio, hay buenas noticias también para usted. Investigaciones recientes realizadas en la Escuela de Salud Pública de la Universidad de Minnesota, revelan que "los hombres con altos riesgos de enfermedades cardíacas que se dedican a la práctica de ejercicios moderados, pueden reducir sus riesgos de morir de un ataque al corazón, tanto como a un tercio en un período de siete años". Esto se logró sencillamente realizando un ejercicio moderado, como las caminatas rápidas, el cultivo de una hortaliza, trabajos en el patio, reparaciones caseras y ejercicios en casa hechos durante una hora diaria.[10]

> Actualmente las autoridades médicas reconocen que existe una relación mucho más íntima entre la mente y el cuerpo de lo que muchos de nosotros nos dábamos cuenta. Cuando se afecta cualquiera de los dos, el otro también es afectado.

Es interesante saber que la misma cantidad de ejercicio que le ayuda a su corazón, también le ayuda a su cerebro.

El Dr. Mervyn G. Hardinge, de la Escuela de Salud de la Universidad de Loma Linda, informa acerca de un estudio que realizó. Note la relación íntima que se revela entre la actitud mental de los participantes y sus reacciones fisiológicas.

"Dividimos el grupo de modo que cuando una mitad de los participantes hacía ejercicio, la otra mitad descansaba. El ejercicio era de dos clases. Durante el período de ejercicio, la mitad trabajaba en el molino de rueda de andar y la otra mitad realizaba un ejercicio de diversión, es decir, cualquier cosa que quisieran hacer, pero que demandara una actividad vigorosa. Durante el segundo período de ejercicio, los que habían estado al principio en el molino de rueda de andar, ahora jugaban tenis o participaban en cualquier otro ejercicio agradable, en tanto que a los otros ahora les tocaba ejercitarse en el molino de rueda de andar".

Al final del experimento cada alumno informó

"Para curarse, los sabios dependen del ejercicio". Dryden

cuál de los ejercicios le gustó más y cual no le gustó. Los estudiantes que gozaron con el ejercicio disminuyeron el índice de colesterol de su sangre. Los que no gozaron con el ejercicio mantuvieron el mismo nivel.

Algunos gozaron con los juegos pero no con el molino de andar; a otros les gustó el molino de andar, pero no gozaron con los juegos. A otros les gustaron ambas actividades. El nivel de colesterol bajó más en los que gozaron con ambos ejercicios.

"La conclusión es obvia. Hay que disfrutar del tiempo libre para obtener de él el mayor beneficio. El ejercicio que haga debe ser vigoroso, pero no de tal naturaleza que le cause tensión ni le requiera un esfuerzo excesivo".[11]

Sea que usted elija correr, trotar, caminar, andar en bicicleta, nadar, o sencillamente trabajar en su jardín, usted descubrirá que la actividad agradable es un excelente promotor de la vida.

1 Dr. David Nieman, *The Sports Medicine Fitness Course* (Palo Alto, California: Bull Pub. Co. 1986), p. 250.

2 Entrevistas personales con Richard Kegley, de 1985 a 1987.

3 Nieman, p. 322.

4 Nieman, p. 254.

5 Entrevista con el Dr. Lee S. Berk, Universidad de Loma Linda, California, 11 de diciembre de 1987.

6 Mike Schwartz, en Riverside (California) *Press Enterprise*, 9 de noviembre de 1987, Sección C.

7 Nieman, p. 253.

8 Ibíd.

9 Ibíd., p. 255.

10 "How Much Exercise Is Enough?" *University of California Wellness Letter*, enero de 1988, p. 1.

11 Mervyn G. Hardinge, *A Philosophy of Health* (Universidad de Loma Linda, California, 1980), p. 35. Usado con permiso.

UN BUEN REGIMEN
DE ALIMENTACION

Cuando terminé de corregir el trabajo de ciencia de Rogelio y le puse la nota, volví a mirar el nombre. ¡No podía ser de Rogelio! El siempre obtenía buenas notas. Pero no me había equivocado, esta vez había sacado una mala nota. Pensé que habría estado enfermo.

Cuando Rogelio vino a la clase al día siguiente, le entregué su trabajo y le pregunté qué le había sucedido.

Esperaba verlo confundido y chasqueado al ver la mala nota, pero en cambio sonrió y dijo:

-¡Resultó!

-¿Qué resultó? ¿Qué estabas tratando de hacer?

-Sucede lo siguiente –explicó-. Me pregunté si lo que usted había dicho era verdad, y decidí comprobarlo. Normalmente tomo un buen desayuno, pero ayer decidí ver por mí mismo si al suprimir el desayuno iba a tener dificultad para recordar lo que había estudiado. ¡De ahora en adelante no me perderé ningún desayuno!

Un buen régimen de alimentación comienza con un desayuno apropiado. El desayuno que ayudará a mantenerse despierto y lleno de energía durante toda la mañana, debe incluir jugo de frutas cítricas, alguna otra fruta, algún cereal integral o pan con harina sin refinar, leche con bajo contenido de grasa o yogurt, mantequilla de cacahuete o algún alimento con proteína.

Hace varios años, cuando presentaba una clase acerca del desayuno en un colegio, el hijo de un médico prominente dijo: "En casa cenamos a la hora del desayuno. Por nada del mundo volveríamos a tomar los desayunos tradicionales".

Esta era una idea nueva para mí, y al conversar con él descubrí que seguían un plan de alimentación muy sólido. En adelante traté de averiguar qué clase de desayuno toma la gente. Supe de un profesor de Biblia, de un vendedor, de un especialista en nutrición y de una enfermera que en sus hogares regularmente se servían una "cena" a la hora del desayuno.

Mi esposo y yo concluimos que valía la pena hacer la prueba, de manera que decidimos cenar a la hora del desayuno. Al cabo de cuatro semanas ya nos habíamos acostumbrado y nos gustaba. Descubrimos que a la hora del desayuno nuestros estómagos se encontraban mejor preparados para recibir más alimentos que al mediodía o en la noche. También descubrimos que teníamos una mejor cena que cuando la tomábamos en la noche.

Podía planear la comida la noche antes, podía colocar las cosas en el horno cuando me levantaba en la mañana, y así tenía la cena lista para la hora del desayuno.

Este programa nos permite tener más energía durante toda la mañana y llevar a cabo una mayor cantidad de trabajo con más facilidad. Nos sentimos más contentos y tenemos una mejor disposición para hacer frente a cualquier problema que se presente durante el día. Si el lector se pregunta cómo es posible comer tanto tan temprano en el día, trate de comer poco o nada a la hora de la cena. Luego a la mañana siguiente haga una buena caminata o trote antes del desayuno.

Es un hecho conocido el que los estudiantes que toman un desayuno adecuado regularmente se mantienen más alerta y se concentran mejor en sus tareas escolares que los chicos que desayunan mal. Quisiera haber sabido eso cuando nuestros hijos eran niños.

Un estudio realizado acerca de la eficiencia de los trabajadores de fábrica demuestra que los que toman desayuno producen más y tienen menos accidentes durante la hora que precede al almuerzo que sus compañeros que toman desayunos insuficientes.[1]

¿Qué produce estos cambios en el comportamiento, la actitud y el trabajo físico?

El diagrama que sigue contrasta los niveles de azúcar en la sangre de los que toman un buen desayuno con los niveles de azúcar en la sangre de los que toman un desayuno inadecuado. Las diferencias son elocuentes.

Un desayuno compuesto mayormente de hidratos de carbono refinados (como un panecillo dulce y una taza de café con azúcar, o bien una rebanada de pan blanco con dulce y un vaso de jugo de naranja), produce un aumento rápido de azúcar en la sangre. En realidad ese aumento es tan rápido que el páncreas debe enviar a la sangre una provisión adicional de insulina. La insulina actúa de inmediato para neutralizar la cantidad adicional de azúcar, con lo que el nivel de azúcar en la sangre baja dramáticamente.

A la mitad de la mañana la persona se siente con tanta hambre que vuelve a tomar otra taza de café con azúcar y un par de galletitas. Con eso, el nivel de azúcar en la sangre vuelve a elevarse y el páncreas nuevamente envía insulina para neutralizarlo. A la hora del almuerzo, la persona se siente cansada, débil y susceptible a los accidentes. Hasta puede dolerle la cabeza. Debido a que se siente tan mal, nuevamente come un buñuelo dulce y otra taza de café con azúcar y finalmente se fuma un cigarrillo. En esa forma prepara el escenario de su organismo para que se repita lo mismo que sucedió en la mañana.

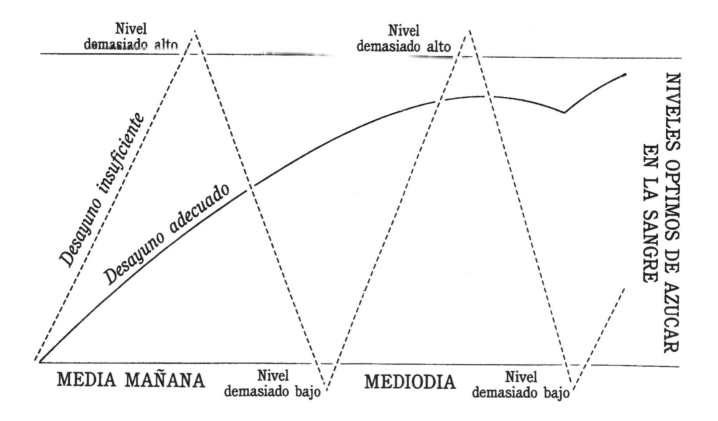

Nivel demasiado alto

Nivel demasiado alto

Desayuno insuficiente

Desayuno adecuado

MEDIA MAÑANA

Nivel demasiado bajo

MEDIODIA

Nivel demasiado bajo

NIVELES OPTIMOS DE AZUCAR EN LA SANGRE

A eso de la mitad de la tarde, la persona vuelve a sentirse mal, por lo que se toma otra taza de café o bien una coca-cola. Cuando regresa a su casa después del trabajo, se siente muy cansada y de mal humor. Este sistema de alimentación, que ha sido adoptado por millones de personas, tiene varios peligros.

Debido a que el cerebro depende exclusivamente de la glucosa para funcionar, cualquier cosa que baje el contenido de azúcar de la sangre por debajo del nivel normal, afecta el funcionamiento de las células cerebrales. Entonces, no causa extrañeza que tanta gente tenga problemas.

Este régimen también recarga el páncreas, por lo que puede iniciar la enfermedad conocida como diabetes.

Si comemos abundantemente en la noche, justamente antes de acostarnos, no quemamos las calorías producidas. Estas producen grasa, parte de la cual pasa a las paredes de los vasos sanguíneos, especialmente en el corazón y el cerebro; eso los debilita y con el tiempo hace correr el riesgo de un ataque de corazón o de una apoplejía.

Una comida excesiva en la noche recarga el sistema digestivo y produce un sueño intranquilo. También hace que parte de la sangre que debiera estar en la cabeza pase al estómago, con lo cual la persona no puede pensar muy claramente ni razonar en la forma debida. Tal vez esta sea una razón por la cual muchos sicólogos instan a la gente a no realizar decisiones importantes en la noche.

Volvamos al diagrama. Observe la línea que representa el nivel de azúcar en la sangre cuando ha tenido un desayuno adecuado con una cantidad suficiente de proteína. La fruta proporciona energía suficiente para iniciar bien la mañana. Los cereales sin refinar, a medida que son absorbidos y metabolizados, continúan manteniendo un nivel adecuado de azúcar en la sangre. Luego, mucho después, las proteínas son procesadas y continúan supliendo las necesidades del organismo.

Beneficios de un desayuno con cantidad adecuada de proteína

1. Rendimiento máximo en el trabajo antes del almuerzo.

2. La mente se mantiene alerta por más tiempo.

3. Menos fatiga muscular.

4. Más resistencia.

5. Menos posibilidad de accidentes.

6. Menor cantidad de oxígeno necesario para producir una cantidad dada de trabajo.

7. Menos temblores neuromusculares

8. Menos irritabilidad nerviosa.

Ejemplos de desayunos:

Desayuno No. 1

Wafles o panqueques preparados con harina sin refinar, con mantequilla de maní y compota de manzana
Medio pomelo o toronja
Una taza de leche descremada
Huevos revueltos

Desayuno No. 2

Tortilla de papas picadas, dorada con muy poco aceite
Tofu revuelto
Tostada de pan hecho con harina sin refinar
Margarina (opcional)
Medio vaso de jugo de naranja
Medio vaso de leche descremada
Manzana

Desayuno No. 3

Granola (debe incluir granos, nueces y fruta)
Yogurt de fruta
Una taza de leche descremada
Tostada de pan hecho con harina sin refinar
Margarina blanda (opcional)
Una naranja

Después de haber visto en qué consiste un desayuno adecuado, veremos a continuación lo que debemos comer durante el resto del día a fin de satisfacer en forma adecuada las necesidades del organismo.

Lo haremos utilizando el diagrama que aparece poco más adelante:

(Grupo 1)

Dos porciones de leche descremada, productos lácteos o sustitutos de la leche. Este grupo proporciona abundante cantidad de calcio, fósforo, proteína y riboflavina.

(Grupo 2)

Dos porciones de alimentos con proteína como frijoles, lentejas, tofu o requesón con bajo contenido de crema, nueces, mantequilla de maní o sustitutos de la carne. (Cada vez hay más supermercados que venden estos sustitutos). Una buena variedad de alimentos proporciona toda la proteína necesaria para la reparación de los tejidos y el mantenimiento de numerosas funciones importantes del organismo.

(Grupo 3)

Cuatro porciones de frutas y verduras. Incluye una fruta cítrica o alguna otra abundante en vitamina C; también una verdura de hoja verde o amarilla oscura, o fruta amarilla como fuente de vitamina A. (Es mejor comer las frutas y las verduras en comidas separadas). A estos alimentos se los llama protectores debido a su abundante contenido en vitaminas, minerales y fibra.

(Grupo 4)

Cuatro porciones de alimento preparado con granos, como avena, arroz integral, pan hecho con harina de trigo sin refinar, y cereales sin refinar para el desayuno.

Estos alimentos proporcionan las vitaminas del complejo B, hierro, fósforo y proteína.

¿Sabía usted que puede servirse durante el día las porciones recomendadas de cada uno de los cuatro grupos y de todos modos no tener un régimen de alimentación óptimo?

De manera que necesita utilizar su buen juicio y elegir los alimentos menos refinados y pocos artículos dulces. Por ejemplo, en el grupo 4 de los cereales puede elegir pan preparado con harina de trigo sin refinar, pan blanco o buñuelos cubiertos con una capa de azúcar. En el grupo 1 de los productos lácteos, puede elegir leche, yogurt dulce con sabor de fruta o bien budín de chocolate. En el grupo 2 de las proteínas puede elegir frijol soya cocido, tofu o budín de chocolate preparado con soya. En el grupo 3 de las frutas y las verduras puede elegir elote o mazorca de maíz, maíz envasado o palomitas de maíz acarameladas.

"Una buena parte de la mala salud que hay en este país, puede atribuirse a las comidas pesadas y al trabajo liviano".

Queremos precaver contra el uso frecuente de queso amarillo maduro y leche con elevado contenido de crema, porque hay investigaciones recientes que relacionan esto definidamente con el cáncer.[2]

Tal vez usted ha notado que no sólo lo que come, sino también cuándo lo come, afecta su salud.

La forma más fácil de eliminar el uso de artículos dulces es no consumirlos entre las comidas.

El Dr. Thayer, sicólogo de la Universidad del Estado de California, realizó un estudio en el que comparaba la energía recibida de una barra de chocolate con la que se recibe de una caminata de diez minutos de duración. Informa lo siguiente: "La caminata se asociaba con un nivel más elevado de energía personal y con una tensión baja, en forma mucho más significativa que con el consumo de una barra de chocolate. La mayor parte de los participantes asociaron el bocadillo dulce… con energía tensa y con un cansancio tenso".

Después de comer la barra de chocolate u otro artículo dulce similar, los participantes dijeron que se sentían más cansados y más tensos que antes de comerlo. La caminata les proporcionó más energía y disminuyó sus tensiones hasta por un par de horas.[3] Esto sugiere que si se ha tenido alimento adecuado, uno puede sentirse con más energía después de una caminata de diez minutos que consumiendo una barra de chocolate entre las comidas. ¿Por qué no probarlo? A mí me parece que esto mejora la calidad de vida.

¿Pero por qué a la gente le gustan tantos las cosas dulces? Tal vez les gustó el sabor dulce la primera vez que lo probaron. Algunos expertos en nutrición no están de acuerdo con esto. Pero la mayoría de nosotros desarrolla el gusto por las cosas dulces temprano en la vida.

En realidad, se nos entrena para que gustemos de lo dulce, si es que no nos agradó desde el comienzo. Los adultos sonríen, hacen chasquear la lengua y comentan lo rico que es el caramelo o el chocolate cuando se lo dan a sus hijitos.

Luego los niños responden con placer ante la presencia de artículos dulces. Con frecuencia, a las cosas dulces se las prepara en la forma más atractiva para colocarlas en la mesa, como los pasteles y las tortas, lo cual las hace todavía más deseables. El contenido en calorías es elevado, lo cual proporciona un golpe de energía y sentimientos de satisfacción.

Pero debemos conocer perfectamente los peligros del azúcar antes de usarla en abundancia.

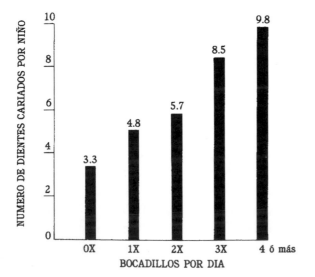

Mientras mi esposo y yo esperábamos a alguien que vendría a buscarnos en Los Angeles, una madre con un bebé de cinco meses se sentó a nuestro lado. Sentó a la criatura en su sillita y la puso en el suelo. El bebé se veía inquieto y cansado. Ofrecí cambiarlo de posición para que descansara, pero la madre consideró que eso no era necesario.

Poco después sacó de su bolso una lata de cocacola, la abrió, y puso una paja de plástico para beber y la llenó con la boca. Luego le puso el dedo en el extremo superior e introdujo el otro extremo en le boca del bebé para que tomara la coca-cola. La criaturita movió la cabeza de un lado para otro disgustada, como si le dijera a la mamá que no le hiciera eso. Pero la madre, bien intencionada, aunque ignorante, continuó insistiendo en que su hijito tomara la cocacola.

Las bebidas cafeinadas y los productos con chocolate ponen en peligro la salud de los niños. Una botella con leche caliente, o aun con agua pura, habría podido ayudar a ese pobre bebé, mientras la cafeína y la temperatura fría de la coca-cola sólo contribuyeron a mantenerlo despierto y a hacerlo sentirse todavía más incómodo.

¿Por qué es necesario limitar el consumo de artículos dulces? Por cierto que una razón es el deterioro de la dentadura y los enormes gastos dentales. Los Dres. Weiss y Trithart estudiaron a un grupo de 783 niños de 5 a 6 años de edad en relación con los hábitos de comer entre las comidas y las caries dentales. Descubrieron que los niños que no comían nada entre las comidas tenían menos caries que los que lo hacían. El diagrama acompañante demuestra la recompensa que obtienen los que no comen entre las comidas.[4]

Otra razón por la cual hay que disminuir la cantidad de artículos dulces consumidos por los niños es que el azúcar disminuye notablemente la actividad de los glóbulos blancos, que son los que luchan contra los gérmenes infecciosos. De modo que un nivel elevado de azúcar en el régimen de alimentación debilita la resistencia a los resfríos y a otras enfermedades.

Una madre de tres hijos me dijo: "Nunca había pensado que disminuir el consumo de artículos dulces podría establecer una diferencia tan grande en mis hijos. ¡Ahora son tan calmados! Se llevan mejor

entre ellos y casi nunca crean problemas". Hacía poco que había oído hablar de los beneficios de un régimen de alimentación con bajo contenido de azúcar y lo había puesto a prueba en su familia.

El cuerpo humano que recibe los cuidados apropiados dura por muchos años.

¿Sabía usted que por cada gramo de azúcar que consume, utiliza vitamina B1 (tiamina) para quemarla y liberar su energía? La tiamina es a veces llamada la vitamina de la felicidad, porque cuando no tenemos una cantidad suficiente de ella, nos tornamos irritables. Cuantas más cosas dulces comemos, tanto más tiamina necesitamos, pues la mayor parte de los artículos refinados dulces que consumimos tienen muy poca tiamina o nada de ella. Entonces, no es extraño que un régimen de alimentación con elevado contenido de hidratos de carbono refinados afecte la disposición anímica. Es una lástima que haya novias que piensan que su experiencia en la preparación de pasteles, tortas, galletitas y otras golosinas les ganarán la admiración de su futuro esposo. Desafortunadamente, esas mismas cosas pueden echar a perder su disposición anímica y también tornar a la esposa más irritable.

Ya hemos visto que el nivel de azúcar en la sangre se eleva y luego desciende con un desayuno en el que predominan las cosas dulces y con el consumo de bocadillos dulces entre las comidas. Piense por un momento cómo se siente cuando tiene un elevado nivel de energía. Le pican los pies. Quiere trabajar en algo. Piensa en una cantidad de cosas que podría iniciar inmediatamente.

Ahora suponga que su hijo se encuentra en esa condición. Un amigo le sugiere que falten a la escuela, que fume un cigarrillo, que prueben fumar mariguana, o que hagan una cantidad de otras cosas que normalmente no lo tentarían. A menos que haya aprendido valores morales, a menos que haya

tomado la decisión de nunca hacer esas cosas, se encontrarán con un problema. Cuando todo el cuerpo le exige actividad y emociones, es menos probable que se detenga a pensar en lo que va a hacer. Está demasiado deseoso de entrar en acción. Tiene energía de sobra. Eso hace más fácil que tropiece en la tentación sin pensar correctamente.

O bien considere el extremo opuesto: cuando su nivel de azúcar se encuentra en el punto más bajo. También su vitamina B1 o tiamina está muy baja. Su energía está baja. Se siente cansado. Piensa con lentitud. Tiene hambre y no le importa lo que suceda. Eso pone a su hijo en otro momento de susceptibilidad. Cuando la glucosa nutritiva de su cerebro llega a su punto más bajo o se agota, las neuronas o células cerebrales no funcionan bien. Y usted debe recordar que las neuronas son el único medio por el cual su conciencia puede comunicarse con él. Cuando se siente deprimido, fácilmente puede experimentar la tentación de robar una barra de chocolate o dinero para comprar un buñuelo o una botella de coca-cola. Luego, cuando el nivel de azúcar comienza a subir en la sangre, se siente tan bien que le parece que el sentimiento de culpa se ha disuelto.

¿Le ayuda esto a comprender que un apetito pervertido puede contribuir a que usted pierda la capacidad para resistir a la tentación? Por eso a algunas personas se las llama "criminales de las golosinas".

La Comisión Intersocial para las Enfermedades del Corazón recomienda, para beneficio del corazón de todos, que se tenga "un régimen de alimentación más vegetariano, sin exceso de calorías", por que eso puede bajar el colesterol de la sangre.[5] Además, resulta reconfortante cuando uno se sienta a la mesa y mira el alimento, no tener que pensar de qué enfermedad murió el animal, como en el caso de los que consumen carne. Todos sabemos que muchas aves y animales enfermos son llevados apresuradamente al matadero antes de que mueran.

¿Se cansa usted fácilmente cuando corre, camina o trabaja? Si es así, le interesará saber que puede aumentar su resistencia.[6]

David Nieman, fisiólogo experto en ejercicios de la Universidad de Loma Linda, dice: "Los últimos estudios se han concentrado en la importancia de los hidratos de carbono en el régimen de alimentación.

Los regímenes vegetarianos pueden fácilmente proveer suficientes hidratos de carbono para duplicar o triplicar el tiempo de resistencia de una persona".[7]

Beneficios del régimen de alimentación vegetariano
1. Tiene menos colesterol.
2. Es pobre en grasas, particularmente en grasas saturadas.
3. Proporciona mayor resistencia.
4. Tiene menos calorías, de manera que añade menos exceso de peso.
5. Es más económico.
6. Es menos probable que cause cáncer y otras enfermedades relacionadas con la alimentación.
7. Provee una mayor cantidad de vitaminas, minerales y fibra.

El Dr. Scharffenberg también dice que el riesgo de sufrir un ataque de corazón puede reducirse el 90 por ciento, mayormente por no fumar y por seguir un régimen de alimentación vegetariano, el que también "puede reducir su riesgo de cáncer, diabetes, osteoporosis y una cantidad de otras enfermedades".

Y si usted le preocupa que un régimen vegetariano no le proporcione suficiente proteína, le interesará saber lo siguiente:

1. "La calidad de proteína del arroz sin refinar, es un poco superior a la de la carne de vacuno".

2. "Diez por ciento de las calorías de la papa y 35 por ciento de las de una porción de brócoli provienen de proteína de buena calidad".

3. "De cuatro a seis por ciento de las calorías de la fruta son proteína, y muchos de los alimentos que consumimos para obtener hierro, vitaminas, o energía, proporcionan un poquito de proteína cada vez que los comemos".

"Aun más importante, tendremos mayor resistencia y nos sentiremos mucho mejor. Disfrutaremos de una variedad más amplia de los alimentos más sabrosos y notaremos un mejoramiento en la calidad de la vida"[8]

Para salvar su corazón
1. Disminuya la cantidad de artículos dulces que consume.
2. Utilice menos alimentos grasos.
3. Mantenga un peso óptimo.
4. Siga un régimen de alimentación bajo en sal y en colesterol.
5. En lugar de comer carne, coma proteínas a base de soya.

El Dr. David Snowden, epidemiólogo de la Universidad de Minnesota, informó acerca de un estudio de 21 años de duración realizado con 25 adventistas del séptimo día. "Tanto en los hombres como en las mujeres, cuanto más elevado era el consumo de huevos, tanto mayor era la proporción de cáncer del colon. El cáncer de la próstata en los hombres se triplicaba por medio del uso combinado de carne, leche, huevos y queso".

Hoy se habla mucho acerca de la relación existente entre la fibra y el cáncer del colon, porque una cantidad adecuada de fibra en el régimen de alimentación puede disminuir a la mitad el tiempo que el alimento necesita para pasar desde la boca hasta el final del tubo digestivo. Numerosos investigadores creen que cuanto menor es el tiempo que el alimento permanece en el colon, tanto menos probabilidad hay de que se produzca cáncer.

Como la fibra atrae y fija el colesterol que hay en el colon, impide que aquél sea absorbido y pase a la sangre, donde podría afectar los vasos sanguíneos.[9]

Debido a que las enfermedades del corazón y de los vasos sanguíneos constituyen la causa principal de muerte en los Estados Unidos, haremos bien en aprender todo lo que sea posible acerca de la prevención de estos males en nuestras familias.

El Dr. Scharffenberg dice que la práctica que sigue puede diminuir notablemente el riesgo de padecer enfermedad coronaria del corazón:

Disminuya el consumo de alimentos con elevado contenido de colesterol, grasas saturadas, calorías, azúcar y sal. Algunos alimentos que contienen mucho colesterol son los huevos, el bistec, los asados, las hamburguesas, la carne mechada, la leche con su crema, las salchichas, el jamón y la carne curada o ahumada y sazonada.[10]

"La gente ha estado comprando desde hace años fibra purificada para mezclarla con sus alimentos, con la esperanza de mejorar la salud. Pero la fibra purificada que compran con frecuencia es afrecho de trigo, la clase que menos absorbe el colesterol. La fibra que mejor absorbe el colesterol incluye la leciti-na y las gomas que se encuentran en abundancia en las frutas, las verduras y las legumbres, más que en los granos".[11]

Aquí hay algo más que podemos hacer para pre-venir la acumulación de depósitos de colesterol en los vasos sanguíneos. El Dr. James Blankenship, del Departamento de Nutrición de la Universidad de Loma Linda, declara que investigaciones recientes han demostrado que "los factores contribuyentes a las enfermedades del corazón se reducen por medio del consumo de aceite de oliva. Las arterias de ani-males alimentados con aceite de oliva se envejecen menos que las arterias de animales alimentados con otras grasas. Esas arterias son más flexibles, más elás-ticas y por lo tanto responden con más facilidad a la presión.

"Los factores que tienden a reducir la presión elevada de la sangre aumentan mediante el consumo de aceite de oliva".[12] Eso es algo que vale la pena probar, ¿no le parece?

El Dr. Jones Scharffenberg, para facilitar nuestra selección de los alimentos, nos ofrece el siguiente consejo en materia de nutrición: Coma a las horas debidas una variedad de alimentos naturales, en can-tidad suficiente para mantener el peso ideal.[13]

1 Dr. Thomas R. Hood, Departamento de Salud del Estado de Kansas, difusión radial 2629 con la estación KVOE.

2 M. G. Lee, L. H. Moulton, C. Hill y A. Kramer, "Consumo de Productos Lácteos y Alcohol en Relación con el Cáncer de la Mama", *Journal of the National Cancer Institute*, septiembre de 1986, p.633.

3 Publicado en *The Informer*, Pacific Press Publishing Association, 10 de noviembre de 1987, p. 4; tomado del *Journal of Personality and Social Psychology 52*, No. 1 (1987).

4 Dr. Robert L. Weiss, y Dr. Alber H. Trithart, "Hábitos de Comer entre las Comidas y Formación de Caries Dentales en Niños Preescolares", *Medical Journal of Public Health*, agosto de 1960, p. 1097.

5 Dr. J. A. Scharffenberg, *"Diet and Heart Disease"*, 1987, p. 7, citado de: *Report of Inter-Society Commission for Heart Disease Resources*. Circulation 70 (1984): 157A-205A.

6 Rober Kowalski, Patricia K. Johnston, Kenneth I. Burke y Harley Stanton, "El Congreso Investiga la Nutrición Vegetariana", *Nutrition Today*, julio/agosto de 1987.

7 Scharffenberg, obra citada, p. 23.

8 Dr. David Snowden, "El Régimen Vegetariano y la Mortalidad", *Nutrition Today*, julio/agosto de 1987.

9 Scharffenberg, obra citada, p. 18.

10 *Ibíd.*, p. 2.

11 Eleanor Noss Whitney y Eva May Nunnelly Hamilton, *Understanding Nutrition*, 4ª ed. (Nueva York: West Pub. Co. 1987), p. 104.

12 Entrevista con el Dr. James Blankenship, Departamento de Nutrición de la Universidad de Loma Linda, California, 18 de diciembre de 1987.

13 Scharffenberg, obra citada, p. 21.

EL AGUA

Mi invitado miró la hora y luego me dijo: "Tenga la bondad de darme un vaso de agua". Le contesté que con mucho gusto. Mientras me dirigía hacia la heladera, me dijo: "Le agradeceré que me dé agua de la llave, que no esté fría". Luego su esposa también miró la hora y dijo: "Yo también quisiera tomar agua, por favor".

Miré el reloj de mi cocina. Eran las 12:10. Pensé que no era extraño que quisieran tomar agua a esa hora, después de todo comeríamos dentro de media hora. Les di un vaso de agua a cada uno.

Media hora más tarde, puse vasos con agua en la mesa para el almuerzo. Mis dos invitados me dijeron que no deseaban tomar agua con la comida. Les dije que estaba bien. Pero serví agua al resto de la familia.

Mientras comíamos y conversábamos animadamente, observé que ellos comían con lentitud y masticaban muy bien la comida.

Mientras esperaba que terminaran de comer, tomaba más agua.

Mi amiga insistió en ayudarme a sacar las cosas de la mesa y lavar los platos y los cubiertos en la cocina. Dijo que acostumbraba hacer un poco de ejercicio después de cada comida.

Una o dos horas después se sirvió otro vaso de agua. Me pareció extraño, y pensé que ella se guiaba demasiado por el reloj. En cambio yo, tomaba agua cuando tenía sed.

Mi amiga pareció leer mis pensamientos.

"Hemos descubierto que nuestra digestión se realiza mejor cuando no tomamos agua con las comidas; pero tomamos suficiente entre cada comida, de modo que no echamos de menos el agua cuando estamos en la mesa".

No me costó mucho comprender que mi amiga tenía razón en lo que decía. Cuando tomamos mucha agua con las comidas, el líquido diluye la saliva en la boca, el jugo gástrico en el estómago y los jugos digestivos en el intestino.

Cuando dejé de tomar agua con la comida, me di cuenta que podía masticar mejor el alimento y mezclarlo completamente con saliva que contiene abundantes enzimas digestivas. Entonces pude apreciar el consejo del Dr. Mervyn Hardinge, de la Universidad de Loma Linda: "El tiempo mejor para tomar agua es una a dos horas después de las comidas y de 10 a 15 minutos antes de cada comida.

Debido a que eliminamos mucho líquido por los riñones, la piel, los pulmones y el colon, necesitamos beber con abundancia, lo cual no todos hacen.

Leí en un libro de fisiología que los jugos digestivos trabajan mejor a la temperatura normal del cuerpo, y cuando ingerimos bebidas heladas, o bebidas muy calientes con las comidas eso hace más lenta la digestión hasta que el contenido del estómago recupera la temperatura adecuada. Debí haber pensado antes en eso.

En mi oficina había una fuente de agua, de

manera que comencé a tomar agua varias veces por día, lo cual me hizo sentir bien.

Un día vino a mi oficina Joyce Hopp, director de educación de la Asociación General de la Iglesia Adventista del Séptimo Día. Al salir, vio la fuente de agua y comenzó a tomar. Tomó agua durante lo que me pareció un tiempo bastante largo. Pensé que debía tener mucha sed.

Cuando terminó, me miró sonriendo y dijo: "¿Sabe usted cuántos tragos de agua en una fuente equivalen a un vaso lleno de agua?"

Le contesté que no lo sabía. Ella continuó: "Cierta vez hice un pequeño experimento. Llevé un vaso a la fuente, tomé una bocanada y la eché en el vaso. Lo hice muchas veces hasta que el vaso se llenó. ¿Sabe cuántas bocanadas llenaron el vaso?" Le contesté que no lo sabía, pero que me parecía que con seis o siete podría haberse llenado.

"Mucho más que eso —me contestó-. Hice la prueba varias veces y siempre encontré que el vaso se llenaba con 15 a 20 bocanadas de agua".

Ahora tengo un vaso en mi oficina. Lo lleno con agua y bebo varias veces al día. Después de todo, necesitamos de seis a ocho vasos de agua entre las comidas.

¿Por qué necesitamos tanta agua?

El agua no solamente calma la sed. Es indispensable para el mantenimiento de la vida, porque disuelve y dispersa los elementos nutritivos de las comidas, los minerales, especialmente el sodio y el potasio, y los productos de desecho.

Hablemos ahora de mi amigo Enrique.

Cierto día vino a verme y pensé que tenía algo importante que decirme. Pero me sorprendió cuando se sentó sin prisa en una silla cómoda, se echó hacia atrás y se acomodó muy a gusto.

Respiró profundamente y luego dijo: "Me siento tan cansado. Lo pasé mal en mi viaje a la convención la semana pasada. El agua era terrible. No pude tomarla. Luego recibí malas noticias acerca de un miembro de la familia. La impresión que me causó, me produjo diarrea. Eso me deshidrató tanto que en cierto momento caí al suelo. Tenía la mente confusa y la boca seca, de manera que apenas podía hablar".

Afortunadamente, la esposa de Enrique llamó al médico, quien lo mandó al hospital en una ambulancia.

"En la sala de emergencia, el médico me inyectó líquido por una vena, y en cuanto desperté me hizo beber.

"Al cabo de cuatro horas me sentí mejor, porque ya había absorbido suficiente líquido. Después de eso, he estado bebiendo suficiente agua".

El 60 por ciento del peso del cuerpo está constituido por agua, porque ésta se encuentra en todos los tejidos, en el interior de las células y alrededor de ellas. Es indispensable para todas las actividades del cuerpo. Enrique necesitaba agua para transportar los alimentos y otros elementos indispensables para la vida hacia las células y para retirar de éstas los productos de desecho. Algunas impurezas entran en el organismo juntamente con el alimento, la bebida y las medicinas, o bien son absorbidas a través de la piel o respiradas con el aire.

Estas impurezas y otros productos de desecho deben ser disueltos y acarreados en la sangre y la linfa, que están constituidas mayormente por agua. Si las impurezas no salen del organismo, la persona se cansa mucho, se enferma y hasta muere. Por eso necesitamos abundante agua para bañar las células y retirar de ellas los productos de desecho.[1]

Enrique necesitaba agua para disolver los productos de desecho de todo el organismo y transportarlos hacia la piel, los pulmones y los riñones, a fin de que estos órganos los expulsaran al exterior. La acumulación de desechos en el cuerpo puede hacer que la persona se sienta cansada, débil y hasta soñolienta. Enrique perdió el conocimiento debido a la intoxicación y cayó al suelo a causa de su debilidad.

Uno o dos vasos de agua pueden hacer que el cerebro se torne más alerta.

Aunque parezca increíble, el 85 por ciento de la materia gris del cerebro es agua. Alrededor del 93 por ciento de la sangre es fluido a fin de facilitar el acarreo de las diversas sustancias hacia las células y éstas al exterior.

El oxígeno del aire no podría atravesar las delgadas paredes de los alvéolos pulmonares si primero no fuera disuelto en una fina capa de fluido. Si las paredes de los alvéolos estuvieran perfectamente secas, el anhídrido carbónico de la sangre no podría salir a través de los pulmones.

Pensemos en que ni siquiera podríamos parpadear si los ojos y los párpados estuvieran secos.

"Aunque las glándulas que forman los jugos

digestivos secretan de 8 a 12 litros al día, no pueden almacenar tanta agua. De manera que producen enzimas concentradas y luego extraen agua de la corriente sanguínea para añadirla a las enzimas a fin de hacer jugos de la consistencia debida, en la misma forma como uno prepara limonada añadiendo agua a un concentrado de limón. Cuando los jugos digestivos han servido a su propósito, el agua es reabsorbida por la sangre, y luego nuevamente es utilizada cuando ello es necesario."[2]

Cuando trabajamos o jugamos activamente en el verano, la piel se nos cubre de transpiración. Esto ayuda a controlar la temperatura. Los que hacen caminatas, los alpinistas y los maratonistas dicen que se cansan menos si beben agua durante sus actividades. Algunos corredores de larga distancia hacen arreglos para que alguien los espere con agua cada tantos kilómetros de su recorrido, esto definidamente retarda la fatiga y ayuda a evitar los calambres de las piernas.

Eso se debe probablemente a que el agua lubrica todas las partes del cuerpo y ayuda a proteger los tejidos contra diversos daños. También hace más flexibles los músculos, los tendones, los cartílagos y hasta los huesos.

Sin embargo, el exceso de agua puede ser perjudicial. Una señora de nuestra comunidad se debilitó tanto que se desmayó. Sus preocupados amigos la llevaron al hospital. Cuando recuperó el conocimiento, el médico le hizo algunas preguntas. Ella dijo que lo único que había hecho diferente ese día había sido tomar una gran cantidad de agua. Cuando el médico le preguntó cuánta agua había tomado, ella contestó que se había tomado varios litros. Había leído que la mayor parte de la gente no tomaba suficiente agua, de manera que quiso estar segura de que ella tomaría la cantidad de agua que su cuerpo necesitaba.

En su inocente ignorancia había tomado tanta agua que había lavado el cuerpo de minerales y sales importantes para regular los latidos del corazón, la función de los riñones y el buen funcionamiento del cerebro.

¿Sabe usted lo que debe hacer en caso de que ocurra un accidente? Mi sobrinita me llamó cierto día por teléfono y me dijo llorando: "David se apretó un dedo en la puerta del carro. Dice que le duele mucho, y se le está poniendo de color azul. Mi mamá no está aquí. ¿Qué puedo hacer?"

"Haz que se siente –le dije–. Echa agua en una fuente y pon hielo adentro. Haz que ponga toda la mano en el agua fría hasta que ya no pueda aguantarla. Luego haz que vuelva a poner la mano en el agua y que luego la saque. Debe seguir haciendo lo mismo hasta que se le pase el dolor o hasta que llegue tu mamá. Ella llamará al doctor si es necesario".

Como instructora de primeros auxilios para el hogar había aprendido que el agua a veces es lo mejor que se puede utilizar en caso de emergencia. Cuando alguien se tuerce un tobillo, debe colocarlo en agua fría inmediatamente y sacarlo al cabo de unos minutos. Debe hacer eso muchas veces durante las primeras 24 horas. Eso impide que se hinche y disminuye el dolor.

En caso de quemadura, se pude sumergir la parte quemada de inmediato en agua fría. El agua impide que el dolor sea intolerable, también detiene la destrucción del tejido y facilita la recuperación. Si la quemadura es grande, o si todavía duele después de una hora de tratamiento con agua, conviene que se consulte con el doctor para ver si sugiere algún tratamiento adicional.

Un baño caliente en los pies es un medio excelente para aliviar el dolor de cabeza, porque dilata los vasos sanguíneos de los pies y así saca la sangre de la cabeza.

A todos nos agrada una ducha caliente o bien permanecer un rato sumergidos en agua tibia. Pero el baño puede hacer más que lavar la suciedad y la transpiración de la piel. Estimula la circulación, lo cual aclara el cerebro, ayuda la digestión y hace circular los glóbulos blancos que son los soldados de la sangre que luchan contra los microbios, y en esta forma aumentan la resistencia contra la enfermedad.

Una ducha caliente y fría alternada, que termina con agua fría y una vigorosa fricción para calentar la piel, es un medio excelente para mantenerse despierto y activo cuando se tiene un programa muy recargado para el día.

Pero supongamos que no se dispone de agua suficiente para bañarse, como el caso de los soldados que se encuentran en campo de batalla. ¿Qué hacer entonces?

El Dr. Kenneth I. Burke, de la Universidad de

Loma Linda, refiere el siguiente incidente: "Cuando nos encontrábamos en el ejército norteamericano en Alemania, pasábamos extensos períodos en las trincheras en el invierno, sin tener ninguna de las comodidades de las que la gente disfruta normalmente, como calefacción y agua caliente. Después de pasar una semana sin bañarnos, notamos que sentíamos frío la mayor parte del tiempo. Cuando nos dábamos un baño con una cantidad muy reducida de agua, nos sentíamos bien durante algunos días, hasta que gradualmente volvíamos a sentir frío todo el tiempo, y eso hasta que nuevamente tomábamos un baño".

No habían pensado que los beneficios de un baño frío duraran por tanto tiempo.[3]

Tal vez los hombres de ciencia tienen más oportunidad que la mayor parte de nosotros de reconocer las bendiciones del agua que Dios nos ha provisto. De modo que consideremos el agua desde el punto de vista de un químico.

"Hasta un niño de la escuela primaria puede decir que el símbolo del agua es H_2O, pero pocos de nosotros comprendemos cuán especial es el agua.

"Al parecer, el agua es una sustancia muy simple constituida por dos partes de hidrógeno y una parte de oxígeno, y ambos son gases a la temperatura ordinaria y resulta difícil convertirlos en líquido. Sin embargo, Dios hizo el agua con características especiales, que son indispensables para satisfacer nuestras necesidades.

"A diferencia de otros compuestos que son considerados líquidos, el agua puede pasar al estado sólido o gaseoso sin que sea necesario utilizar cambios extremos en la temperatura o en la presión.

"Cuando otros líquidos pasan al estado sólido, es decir, cuando se congelan, disminuyen de tamaño o bien se tornan más densos y se hunden. Pero no sucede lo mismo con el agua. El hielo flota sobre el agua en vez de hundirse en ella.

"Pensemos en lo que sucedería si eso no fuera así. Los lagos y los ríos se helarían casi completamente, y tendrían tan sólo una reducida cantidad de agua en la superficie. Las plantas y los animales acuáticos no podrían sobrevivir.

"Con frecuencia llamamos al agua el solvente universal. Por supuesto, no lo es, por lo que podemos estar agradecidos. Si lo fuera, nuestras casas, automóviles y todo lo demás se disolvería, lo cual nos dejaría en una condición muy triste. Pero el agua probablemente disuelve una variedad mayor de sustancias que cualquier otro líquido. Esto la convierte en un material muy útil, no sólo dentro del cuerpo sino también a nuestro alrededor, para limpiar y acarrear elementos nutritivos a las raíces de las plantas y los árboles.

"El agua tiene otra característica extraña. Requiere más calor para elevar su temperatura en un grado que casi cualquier otra sustancia. Por supuesto, cuando el agua se enfría despide esa misma cantidad de calor. Por eso las zonas costeras tienen una temperatura más suave que las ciudades que se encuentran tierra adentro.

"Por eso es que los fomentos preparados con agua caliente son muy eficaces para transferir calor a una región del cuerpo.

"Se requieren más calorías para derretir una onza de agua que para derretir una onza de prácticamente cualquier otra sustancia. De modo que cuando aplicamos una bolsa de hielo a un pie herido, lo enfría con más eficacia que si se utilizara solamente agua fría. También hace que se contraigan los vasos sanguíneos y linfáticos, con lo cual se reduce la hinchazón".[4]

El agua tiene muchos usos en los cuales casi nunca pensamos. Dependemos de ella para fabricar numerosos artículos. Por ejemplo, se necesitan 2.500 litros de agua para producir el acero necesario para fabricar una bicicleta y más de 800 litros para fabricar la goma necesaria para hacer un neumático.

La hermosura es otra bendición del agua. ¿Cuándo fue la última vez que disfrutamos de los hermosos colores de un arco iris? ¿De la magia de los copos de nieve? ¿De los diamantes del rocío en las hojas de una planta? ¿Nos acordamos cuándo fue la última vez que nos acostamos en la grama para mirar la forma cambiante de las nubes?

¿No nos gustaría relajarnos esta tarde junto a una arroyo cantarino?

Ciertamente el agua es otro de los grandes recursos que dan vida.

[1] Mervyn Hardinge, *A Philosophy of Health,* p. 37.
[2] *Ibíd.,* p. 38.
[3] Entrevista y correspondencia con Kenneth I. Burke.
[4] Entrevista con Carl T. Jones, 20 de diciembre de 1987.

Recurso 8

CONFIANZA
EN EL PODER DIVINO

"¿Puedo pasar a buscarte a la escuela para llevarte a casa esta tarde?", me dijo mi amiga Valerie por teléfono. La tensión que noté en su voz me hizo comprender que algo andaba mal.

"Sí. Terminaré mi trabajo a las 4:15". Me pregunté cuál sería el objeto de la preocupación de mi amiga. ¿Serían sus ancianos padres que necesitaba ayuda nuevamente? ¿Tendrá problemas con su jefe?

Procuré terminar mi trabajo de corrección de pruebas y de preparación para las clases del día siguiente, pero no podía dejar de pensar en Valerie.

Cuando llegó, vi que tenía la frente surcada por profundas arrugas y las lágrimas estaban a punto de asomar en sus ojos.

No me dijo nada durante el viaje hasta casa. Paró el motor del automóvil y permaneció sentada durante un rato, como si no supiera qué decir. Luego dio un profundo suspiro como si estuviera lista para presentar un informe trágico. Pero una vez más se quedó en silencio.

Finalmente dijo: "A veces quisiera que alguien me tomara la mano y orara por mí".

Lamenté no haberlo hecho antes, y rápidamente oré a Dios pidiendo su ayuda.

Vi sus ojos temerosos que seguían un automóvil que pasaba por la calle.

"Me pregunto si ese era Roberto –dijo Valerie–. No quiero que sepa que he conversado contigo acerca de mi problema.

"Anoche –continuó– sentía tanto miedo que no sabía qué hacer. Roberto llegó muy tarde y borracho. Miraba continuamente por la ventana. Luego tomó su pistola y la colocó en un cajón de la cómoda. Dejó el cajón un poco abierto a fin de poder tomar la pistola en cualquier momento".

Valerie temía por la vida de Roberto, y temía que su mente obnubilada lo indujera a causarse daño a sí mismo, a ella o a sus hijos.

Vi que sus arrugas se hacían más profundas y noté que la tensión aumentaba en su voz. También le temblaron más las manos.

Después de nuestra conversación, Valerie siguió enfrentando serios problemas. Las cosas empeoraron hasta que finalmente se divorciaron.

La depresión y la ansiedad no producen paz. La tensión es un monstruo que ataca a todo el organismo.

Valerie luchó durante algunos meses para hacer frente a sus responsabilidades que cada vez eran mayores. Pero se sintió culpable por haber destruido el hogar. Esa culpa aumentó sus preocupaciones y tensiones.

La mente es definidamente la parte más importante de la persona.[1]

Valerie se hacía examinar por el médico al comienzo de cada año escolar. Pero esta vez el doctor no le dio el resultado con una sonrisa.

"Encontré un nódulo en su pecho izquierdo –le

dijo-. Tendrá que hacerse una mamografía. La próxima semana tendré el informe completo. Vuelva el martes".

Sentí temor por la salud de Valerie porque muchos estudios han demostrado que la ansiedad, las tensiones y una pérdida como el divorcio, debilitan el sistema defensivo de una persona. El organismo no puede defenderse contra las enfermedades.

Valerie me dijo que tenía miedo de que el nódulo que tenía en el pecho fuera canceroso. La semana transcurrió con lentitud.

Cuando mi amiga obtuvo los resultados del médico, me llamó y me dijo: "La mamografía ha revelado la existencia de un tumor. Tendrán que hacerme varias pruebas de sangre y la semana siguiente me van a operar. No sé cuán grande será la operación".

El día de la operación fui al hospital y esperé ansiosamente el resultado de la intervención quirúrgica.

Dios le proporcionó fortaleza y valor, pero durante esos meses de temor, aflicción y culpa, su organismo no pudo funcionar apropiadamente para luchar contra el cáncer. Nuestros cuerpos trabajan mejor cuando nuestras mentes están en paz y en un ambiente feliz.

Mi amiga murió como resultado de su enfermedad. Ahora sus hijos no sólo tuvieron que vivir sin un padre, sino también sin una madre.

"El corazón alegre hermosea el rostro; mas por el dolor del corazón el espíritu se abate" (Proverbios 15:13).

Dios no quiere que nos enfermemos. La enfermedad es obra del enemigo. Dios creó a Adán y Eva para vivir en comunión con ellos. Mientras se mantuvieron en estrecha relación con él, experimentaron gozo y salud. La feliz experiencia de interactuar con su Creador producía una reacción positiva, permitía que sus cuerpos y mentes perfectos funcionaran en el mayor nivel de exigencia.

Pero cuando Adán y Eva interrumpieron su relación con su Hacedor, su mente se llenó de culpa, ansiedad y aflicción y de otras emociones negativas, y eso controló los procesos de su organismo.

Dios desea renovar este estado superior de inmunidad en nosotros, cuando nos insta a desarrollar la clase de relación que nos mantiene felices y gozosos, porque eso promueve la salud y prolonga la vida.

En Eclesiastés 3:4 leemos que hay "tiempo de reír", y en Proverbios 15:13 leemos: "El corazón alegre hermosea el rostro; mas por el dolor del corazón el espíritu se abate".

El Dr. Lee S. Berk, director del laboratorio de siconeuroinmunología del departamento de patología de la Universidad de Loma Linda, dice: "Sabemos que la aflicción o las experiencias que generan emociones negativas como temor, congoja, odio y culpa son perjudiciales para la salud, porque disminuyen la inmunidad a la enfermedad".

Como sucedió en el caso de Valerie, con frecuencia se ha notado que después del divorcio, de la muerte de un ser querido o de otra situación que produce mucha aflicción, el cáncer surge con mayor facilidad.

"¿No es posible, entonces –razona el Dr. Berk–, que algunas de las mismas sustancias puedan ser disminuidas, o bien otras aumentadas, que ejerzan una reacción positiva y aumenten la inmunidad?"

Los investigadores han encontrado que cuando una persona experimenta una respuesta emocional positiva, como la risa, se produce en realidad una reducción de las hormonas negativas que de otro modo afectarían el sistema inmunológico. Esta experiencia, entonces, permite que el mecanismo de defensa contra las enfermedades funcione con mayor eficacia y proteja el organismo.[2,3]

Reconociendo el valor de las investigaciones acerca de la risa en relación con la inmunidad, una cantidad de hospitales de los Estados Unidos ahora tienen departamentos especiales que estimulan la risa en los enfermos. Los médicos prescriben risa lo mismo que cualquier otro medicamento. Y los resultados son muy animadores.[4]

¿Entonces qué podemos hacer para mejorar la salud de la familia y su resistencia a los microorganismos que nos rodean? Un buen comienzo puede ser renovar o enriquecer nuestra relación con el Creador. Permitamos que él renueve nuestro valor, esperanza, fe y confianza. Esto aliviará nuestras cargas, llenará nuestro corazón de gozosa risa y pondrá expresiones de agradecimiento en nuestros labios.

Un vibrante espíritu de gratitud y alabanza puede promover la salud del cuerpo y el alma.

El educador Jay Lantry regresó a los Estados Unidos después de pasar varios años trabajando en el oriente con gente de 21 idiomas diferentes.

Esperaba obtener un título doctoral, pero cuando los profesores vieron el puntaje que obtuvo en su examen de admisión, le dijeron: "Lo sentimos mucho, pero no podemos admitirlo en el programa doctoral".

Jay se sintió confundido y apenado, porque su iglesia lo había patrocinado. ¿Cómo podría abandonar sus planes e informar que había fracasado?

Cuando Jay se encontraba en el extranjero, con frecuencia había recurrido a la oración y la fe para abrir puertas cerradas. Pero ahora no podía ver cómo podía vencer este obstáculo. Los profesores se mostraron inflexibles. Sin embargo, había aprendido a confiar en Dios, y recordó esta promesa: "Mas buscad primeramente el reino de Dios y su justicia, y todas estas cosas os serán añadidas" (Mateo 6:33).

¿Podría la expresión "todas estas cosas" incluir la admisión al programa doctoral? Jay deseó que esto también estuviera incluido. Oró a Dios con humildad y fe y le prometió: "Señor, si me ayudas, no sólo a ser admitido, sino a terminar con éxito mi programa doctoral, pondré tu Palabra en primer lugar todos los días".

Luego, armado con fe y nuevo valor, Jay volvió a la universidad y pidió que la administración le concediera una admisión provisional y le permitiera tomar clases durante un semestre.

Finalmente accedieron a que se matriculara para tomar unas pocas clases, aunque no esperaban que llegara a ser un candidato al doctorado. Jay regresó a su casa con un desafío entre sus manos y decidido a cumplir su promesa a Dios. Se levantaba todos los días una hora más temprano que de costumbre, y se dedicaba en ese tiempo a la oración y el estudio de la Biblia. Repetía vez tras vez: "Mas buscad primeramente el reino de Dios y su justicia, y todas estas cosas os serán añadidas".

Jay dice: "¡Las primeras semanas fueron horrendas!" Lamentablemente, durante los muchos años que había utilizado idiomas extranjeros para trabajar en el campo misionero, había descuidado el uso apropiado de su propio idioma, el inglés. ¿Tenían razón sus profesores? Si no era capaz de terminar con éxito el primer semestre, no tenía esperanza de terminar los tres años requeridos para el doctorado.

¿Cómo podía competir con compañeros de clase que tenían maestrías en inglés?

Jay utilizaba mucho el diccionario y estudiaba largas horas. Todas las mañanas continuaba dedican-

do una hora al estudio de la Biblia y a la oración ferviente. "Y créase o no —me dijo—, al final del primer semestre mis notas estaban por encima del promedio de las notas de la clase. La administración de la universidad me consideró un alumno regular y me permitió entrar en el programa doctoral.

"El segundo semestre me resultó muy fácil, porque el Señor cumplió su Palabra".

Finalmente me dijo lo siguiente: "En la historia de esta universidad, nunca en el departamento de educación alguien había completado el programa doctoral en menos de tres años después de la maestría. Sin embargo, yo terminé absolutamente todos los requisitos para el doctorado en una o dos semanas antes de los 24 meses, lo que constituyó en récord para el departamento de educación de esa universidad".

El Dr. Lantry me aseguró que el vocabulario era ahora uno de sus puntos fuerte. Me dijo además: "Mi capacidad mental ha estado aumentando constantemente, porque todavía continúo colocando a Dios en el primer lugar cada mañana. Dios nunca falla en el cumplimiento de su Palabra".[5]

"Nuestro Padre celestial tiene, para proveernos de lo que necesitamos, mil maneras de las cuales no sabemos nada. Los que aceptan el principio de dar al servicio y la honra de Dios el lugar supremo, verán desvanecerse las perplejidades y percibirán una clara senda delante de sus pies".[6]

Nuestro Padre celestial no hace acepción de personas. Está esperando para hacer por usted y por mí lo mismo que hizo por el Dr. Lantry. Podemos confiar en que él contestará nuestras oraciones de fe en la manera que es mejor para nosotros. No nos promete un lecho de rosas en este mundo que se encuentra bajo la maldición del pecado, pero sí nos promete estar con nosotros, ¿y acaso no es eso precisamente lo que necesitamos?

¿No es nuestro Salvador un gran dador de vida?

1 Richard Neil, "The Answer", *Vibrant Life,* junio de 1987, p.7.
2 Entrevista con el Dr. Lee S. Berk, 11 de diciembre de 1987.
3 Lee S. Berk, "Modulation of Human Natural Killer Cells by Catecholamines", *Clinical Research,* 32 No. 1 (1984).
4 Mike Schwartz, Press Enterprise, Riverside, California, 9 de noviembre de 1987, Sección C, pp. 1,2.
5 Don Stanley, "Hi! I´m Your Doctor. Have You Heard the One About-?", *The Sacramento Bee Magazine,* p.6.
6 Elena G. de White, *El Deseado de todas las gentes,* p.297.

Capítulo 9

VIDA ABUNDANTE

Steve Canaday se asomó a mi oficina y me dijo: "¿Ya terminó de corregir nuestros exámenes?"

"Sí. Me parece que estás deseoso de ver la nota que sacaste".

"Sí, quiero saber cómo me fue".

"Espera un momento mientras la busco. Tu nota final es una A. Hiciste muy bien durante la segunda mitad de tu curso".

"Gracias –contestó, y luego continuó diciendo con una gran sonrisa–: Le diré lo que hice.

"Cuando me enteré de las leyes naturales de la salud, decidí practicarlas.

"Cuando estudiamos los beneficios del aire fresco, del sol y el ejercicio, decidí caminar o correr cada mañana.

"Cuando comprendí la importancia del sueño para obtener un rendimiento máximo en los estudios, arreglé mi programa para dormir ocho horas cada noche.

"Por supuesto que nunca uso bebidas alcohólicas, cigarrillos ni café, de manera que eso no me causó ningún problema.

"Aprendí a tomar más agua. Y cuando aprendí a alimentarme siguiendo una dieta equilibrada, con alimentos de los cuatro grupos, elegí mi comida con mayor cuidado. Dejé de comer carne cuando me enteré de las ventajas del régimen lactoovovegetariano. Y cuando me enteré del perjuicio que el azúcar estaba causando a mi organis-

mo, restringí drásticamente su uso.

"Cuando comprendí cuáles eran los beneficios del desayuno, comencé a comer como un rey en las mañanas.

"Ahora disfruto más con el estudio de la Biblia y saco buenas notas en la clase de Biblia. Mis notas también han mejorado en las demás materias".

Consulté mi libro de registro y vi que en el primer examen Steve había sacado una C. En el segundo había sacado una B. En el tercero y en el cuarto, una A. El promedio final había sido una A menos.

"Te felicito, Steve –le dije–. Ese programa beneficioso para tu salud puede mantenerte a la cabeza de tu clase y en todas tus actividades".

Steve es sólo uno de miles de personas que han descubierto que los principios naturales de la salud realmente son beneficiosos.

Recordemos que comprende los siguientes puntos: Alimentos nutritivos, ejercicio, agua, luz del sol, abstinencia de bebidas alcohólicas y drogas y tabaco, aire puro, descanso y confianza en el poder divino.

¿Ha oído usted hablar del estilo de vida de los Adventistas del Séptimo Día y de los beneficios que obtienen de él?

Los adventistas pertenecen a una organización religiosa de unos seis millones de miembros. No fuman ni usan bebidas alcohólicas.

En un estudio de 15 años de duración realizado

por los Drs. Rolan L. Phillipps, Jan W. Kuzma y Terry M. Lotz, del Departamento de Bioestadística y Epidemiología de la Universidad de Loma Linda, se obtuvieron algunos hechos muy interesantes.

El estudio reveló que "el riesgo de contraer un cáncer fatal entre los varones adventistas es 53 por ciento inferior al riesgo de los varones norteamericanos de raza blanca y de edad comparable. Para las mujeres adventistas, el riesgo es 68 por ciento menor del de las mujeres norteamericanas blancas". Es

> # Algunas personas al parecer piensan que la religión es semejante a un paracaídas, es decir, que es algo que se puede utilizar solamente en caso de emergencia".

obvio que están haciendo algo apropiado con su vida. Examinemos esto más de cerca. En lo que se refiere al cáncer de pulmón, los varones adventistas corren un 17 por ciento del riesgo de todos los varones norteamericanos de cualquier raza, y las mujeres corren un riesgo de 34 por ciento. El riesgo más elevado para las mujeres puede deberse a que no tantas mujeres como hombres fuman.

Cuando observamos el registro de muertes producidas por todas las causas, el dato estadístico demuestra que los Adventistas del Séptimo Día, tanto hombres como mujeres, de más de 35 años de edad, tiene solamente 59 por ciento de riesgo de muerte en comparación con todos los norteamericanos de raza blanca de más de 35 años de edad.[1]

Según un artículo de James Brody publicado en el *Times* de Nueva York, "en general, los adventistas viven siete años más que el resto de la población norteamericana, y para los adventistas más estrictos, el promedio de vida es doce años más que el del resto de la nación.

"Los adventistas tienen una tasa de mortalidad más baja, ajustada para la edad, en relación con las diez causa principales de muerte en este país, y esa tasa es especialmente baja en el caso de males mayores como las enfermedades coronarias del corazón y el cáncer del pulmón e intestino".

Las muertes debidas a enfermedad del corazón entre los adventistas "típicamente ocurren mucho más tarde en la vida".[2]

Ahora que el lector ha visto los beneficios reales de la práctica de un estilo sano de vida, deseará aplicarlos también a su propia vida para experimentar también sus beneficios.

---

1 Roland L. Phillipps, Jan W. Kuzma y Terry M. Lotz, "Cancer Incidence in Defined Populations, Nueva York, 1980", *Banbury Report 4* (Cold Spring Harbor Laboratory), pp. 93, 95-96.

2 Jane E. Brody, "Adventists Are Gold Mine for Research on Desease", *Times*, Nueva York, 11 de noviembre de 1986, p. 1.

LES DESEO A TODOS UNA VIDA SANA Y FELIZ

APENDICE

RECETAS PARA EL DESAYUNO

Tofu revuelto
(Sabroso sustituto de los huevos)

450 gr. de tofu blando
$^1/_4$ de cucharadita de polvo de cebolla
$^1/_4$ de cucharadita de sal de ajo (opcional)
2 cucharaditas de té de salsa de soya
1 $^1/_2$ paquete de Geo. Washington Golden
Broth Mix
Unas gotas de colorante amarillo

Muela el tofu y mezcle todos los ingredientes.
Cubra con plástico con agujeritos de ventilación.
Cocine en horno de microondas en calor moderado
por 2 $^1/_2$ minutos. Luego revuelva todo y continúe
cocinando durante 1 $^1/_2$ minuto más. Vuelva a
revolver y deje reposar durante un minuto antes de
servir.
Nota: En lugar de utilizar el horno de microondas,
puede preparar lo mismo en una olla o bien en un
sartén, como si estuviera friendo huevos.
Sirva caliente. Da 4 porciones.

Granola
(de textura fina)

4 tazas de avena arrollada, de cocimiento
rápido
1 taza de coco rallado
$^1/_4$ de taza de germen de trigo
$^1/_2$ taza de nueces picadas
$^1/_2$ taza de semillas de girasol
$^1/_3$ taza de azúcar sin refinar
$^1/_4$ de taza de miel
3 cucharadas de aceite de maíz
$^3/_4$ de cucharadita de sal
1 $^1/_2$ cucharadita de vainilla
$^1/_2$ cucharada de dátiles o pasas de uvas picados

Mezcle los seis primeros ingredientes. Luego
mezcle la miel, el aceite, la sal y la vainilla y añada a
la primera mezcla. Revuelva muy bien. Cocine en el
horno de microondas en calor elevado por 10 minutos o hasta que se tueste la avena. Revuelva cada 4
minutos. Añada los dátiles o las pasas después de 8
minutos. Esparza el contenido sobre una lámina de
papel de aluminio para que se enfríe.
Nota: Puede utilizar esta granola para esparcirla
sobre tortas, budines o helados (nieve).
Da seis tazas.